بسم الله الرحمن الرحيم

Les Éditions Albouraq

– Ombres & Lumières –

Collection dirigée par Nas E. Boutammina

La Collection *Ombres et Lumières* est née d'une volonté d'apporter un éclairage critique sur certains éléments (scientifiques, historiques, archéologiques ...) à la *Lumière* de l'Islâm. Conçu de façon pratique et synthétique, chaque livre traitera objectivement d'un sujet particulier.

En quête de vérité et de justice historique, l'objectif est de rétablir – de mettre en lumière – certaines zones d'*Ombre* laissées volontairement au fil des siècles pour entacher et amoindrir la grandeur de l'Islâm et son apport à la Civilisation Universelle. Et ce, tant sur le plan scientifique ou religieux qu'économique, social ou juridique...

La vision novatrice des ouvrages de cette collection ne pourra laisser indifférent...

Dar Albouraq©
Face à l'Université d'al-Azhar-Beyrouth
B.P. : 13/5384
Beyrouth-Liban
Tél / fax : 00 96 11 788 059
Site Web : www.albouraq.com
E-mail : albouraq@albouraq.com

Distribué par :

Comptoir de vente :
Librairie de l'Orient
18, rue des Fossés Saint Bernard
75005 Paris
Tél. : 01 40 51 85 33
Fax : 01 40 46 06 46
Face à l'Institut du Monde Arabe

Site Web : www.orient-lib.com
E-mail : orient-lib@orient-lib.com

Albouraq Diffusion Distribution
Zone Industrielle
25, rue François de Tessan
77330 Ozoir-la-Ferrière
Tél. : 01 60 34 37 50
Fax : 01 60 34 35 63

E-mail : distribution@albouraq.com

1428- 2008

ISBN 2-84161-292-9 // EAN 9782841612925

Nas E. Boutammina

Mots français d'origine arabe

Albouraq

Introduction

Ce que la notion de richesse d'une langue doit mettre historiquement en jeu, c'est la légitimité scientifique d'une réalité, d'une pensée qui doit, par honnêteté intellectuelle, cesser de cultiver un narcissisme phénoménologique[1]. Mais doit, plutôt, viser à se donner les conditions de son objectivité dans le déchiffrement des signes de son propre patrimoine culturel.

Ceci est donc originairement commandé par la reconnaissance d'un sens caché sous le sens apparent que prennent à la fois

– la manifestation linguistique,

– l'expression sémantique[2] ou

– la diffusion lexicologique[3].

Parler d'apport de la langue arabe dans l'idiome français, c'est alors présupposer qu'une lecture ne suffit pas pour que le sens soit compris et que, précisément, le sens doit être analysé afin de ne pas laisser une telle lecture insatisfaite.

Cette étude a donc pour but de montrer que la langue arabe a joué un rôle notable dans la mise au point et le développement de la langue française et cela, quel que soit son niveau d'interprétation.

---

[1] *Phénoménologie.* Etude qui consiste à décrire les phénomènes et les structures de la conscience qui les connaît.

[2] *Sémantique.* Etude du sens des mots.

[3] *Lexicologie.* Partie de la linguistique qui étudie le vocabulaire, considéré dans son histoire, son fonctionnement…

Chapitre I

Linguistique, sémantique et lexicologie - Notions

A – La linguistique

La *linguistique* se définit comme l'étude scientifique du langage et des langues.

Concept complexe, le langage peut être appréhendé de diverses manières. Celui-ci est une spécificité humaine, comme phénomène social, comme mode d'inscription des textes (système d'écriture) ou comme matière à applications techniques. Ceci explique qu'il est objet d'étude pour maintes disciplines, relevant non seulement des sciences humaines et sociales, mais également des sciences de la vie, et même des sciences physiques.

Si le langage est l'apanage de l'espèce humaine, il se décline pourtant en une multiplicité de langues distinctes parlées à travers le monde. Certes, certaines ont disparu, d'autres sont menacées d'extinction, et toutes évoluent.

Cette situation entre unicité de la faculté de langage et diversité des langues est caractéristique de la réflexion proprement linguistique. **La linguistique peut en effet être désignée comme l'étude scientifique du langage comprise à travers la diversité des langues.**

La linguistique, en tant que discipline scientifique, couvre toute une série de domaines, qui répondent aux différents niveaux d'analyse de la langue.

Il s'agit de ceux :

– de la phonétique et de la phonologie – étude de la matière sonore –,

– de la morphologie et de la syntaxe – la constitution des mots et leur agencement en phrases – ;

– puis, au niveau du lexique, de la sémantique et de la pragmatique, le sens des diverses unités de la langue – depuis les mots jusqu'aux phrases –.

La linguistique est une discipline qui se distingue des autres sciences humaines ou sociales (psychologie, sociologie, ethnologie, anthropologie ou histoire) par le fait qu'elle essaie de trouver des modèles explicatifs pour les domaines qu'elle étudie, en leur sein (psycholinguistique, sociolinguistique, ethnolinguistique...).

Vers la fin du XVIIIe siècle, la linguistique en tant que science a considéré que l'évolution des langues procède d'une nécessité respectant leur organisation interne et que, corrélativement, une différence s'inscrit comme réelle modification seulement si elle marque une certaine régularité à l'intérieur de la langue.

Au XIXe siècle, ces principes ont permis à la linguistique historique de se constituer d'après les travaux de Ferdinand de Saussure[4], considéré comme l'un des fondateurs de la linguistique scientifique contemporaine. Enfin, c'est au fil d'une maturation et d'un développement que s'est dégagée la linguistique fonctionnelle et structurale actuelle.

La linguistique se doit de rechercher et d'assurer la légitimité de l'examen du fonctionnement des langues en tant qu'outils de communication et, par contraste, de mieux cerner les problèmes que pose l'évolution linguistique.

---

[4] F. DE SAUSSURE (1857-1913), « Cours de linguistique générale » – « Mémoire sur le système primitif des voyelles dans les langues indo-européennes. ».

C'est à ce prix que la linguistique parvient à se doter, dans les sciences humaines, d'un statut scientifique à peu près cohérent du point de vue épistémologique : elle trouve des critères valides pour analyser son objet (qu'est-ce qu'une langue ? Quelle est sa relation avec ce qui n'en est pas une…) et les limites de son domaine. Elle érige des notions (synchronie et diachronie, signe, système, structure, fonction, puis phonème) et indique leur articulation selon des principes rigoureux.

Dès lors, ces dernières lui fournissent des moyens efficaces pour donner une description organique valide et complète du fonctionnement d'une langue. Cela évite de se fier à des observations juxtaposées peu claires et à des explications conjecturales.

C'est ainsi que l'ethnologie et l'anthropologie empruntent désormais à la linguistique structurale son appareil conceptuel et méthodologique[5]. Ce développement foisonnant, s'il atteste la vitalité de la linguistique actuelle, ne va pourtant pas sans problèmes. En effet, l'un de ceux qui restent majeurs encore aujourd'hui est celui de la formation réelle, approfondie, de l'origine des systèmes linguistiques et d'écriture.

Par ailleurs, bien des échecs et des insuffisances, dans tous les domaines de la linguistique appliquée, proviennent de l'ouverture d'esprit, du manque d'objectivisme rigoureux liés à un amateurisme ou à un autodidactisme, inévitables peut-être à l'heure actuelle, mais très néfastes.

Ce problème est profondément lié à un autre, tout aussi sérieux : le risque d'édifier les domaines d'application séparés, en domaines coupés de la linguistique pure. C'est-à-dire à la fois de

[5] C. LÉVI-STRAUSS (1908-), « Les Structures élémentaires de la parenté » – « Race et histoire » – « Anthropologie structurale ».

placer au second plan la recherche et la formation fondamentales, et de restreindre les applications à des recherches sans perspectives concrètes.

Or l'histoire d'une discipline, et donc la lecture active des éléments qui la précèdent, doit faire partie de l'épistémologie[6] de ce qui s'établirait comme linguistique générale. Et si elle est digne de ce nom, elle devrait impérativement s'imposer de manière critique afin de chercher à rester impartiale et digne d'intérêt.

De fait, chaque linguiste devrait objectivement méditer sur une question qui sous-tend actuellement toutes les mises en cause légitimes des grandes théories intransigeantes en sciences historiques, héritages ecclésiastiques et coloniaux : Pourquoi donc celles-ci, à la différence des sciences dites exactes, ne disposent-elles pas, ou presque plus, de ce *caractère cumulatif* du savoir qui semble une composante fondamentale de ces dernières[7] ?

En effet, il est dommageable pour toute discipline scientifique que les idées les plus véhiculées et les plus dogmatiques soient si souvent le fait d'écoles de pensée particulières, figées, avec des maîtres et des disciples… tout cela doit inquiéter. Conséquemment, la quête de la vérité perd alors tout attrait et elle se voit, alors, menacée de passer sous la trappe du désintéressement.

Cependant, il n'est pas suggéré ici de retour à l'excès inverse, mais à un équilibre réaliste et dialectique entre la théorie et les faits ; d'un travail lent et patient, ardu, certes – et loin de toutes les lectures hâtives – qui n'engendrerait pas des constructions informelles sur des faits invérifiables et des théories douteuses.

---

[6] *Epistémologie.* Etude critique du développement, des méthodes et des résultats d'une science.

[7] J. MOLINO, « Les Méthodes en linguistique ».

1 – Langage et parole

Classiquement, le langage relève du fait social alors que la parole concerne le domaine individuel. Cette définition floue donne lieu à diverses interprétations. Mais l'important est de noter que l'étude de la parole est subordonnée à celle de la langue, objet propre de la linguistique.

Il est nécessaire de ne pas privilégier l'étude de la langue de manière *synchronique*[8] (celle-ci se donnant pour objet l'équilibre du système à un moment précis de l'histoire) au détriment de la perspective *diachronique*[9], qui s'attache à décrire les changements linguistiques.

En effet, cette dernière ne doit pas être reléguée au second plan car l'évolution d'une langue (par exemple le français) n'est pas uniquement, et loin de là, le passage d'un état de langue stable à un autre – une relation entre des coupes synchroniques réalisées à diverses périodes historiques – . Elle se situe plutôt dans l'emprunt et l'adoption d'éléments d'autres systèmes (par exemple ceux de l'arabe pour la langue française).

2 – Le signe

Enfin, la pierre angulaire de l'édifice linguistique est la théorie du signe. La langue est composée d'unités discrètes qui ne sont pas immédiatement perceptibles, mais qui doivent être identifiées par l'analyse, et qui définissent une combinatoire : ces unités, ce sont les signes, qui unissent chacun un signifié (concept) à un signifiant (image acoustique). notion

---

[8] *Synchronie*. En linguistique, état d'une langue à un moment donné (s'oppose à « *diachronie* » qui étudie l'évolution d'une langue dans le temps).

[9] *Diachronique*. Relatif à une *diachronie* qui est l'évolution des langues dans le temps.

La théorie du signe opère une rupture par rapport à la conception naïvement « nominaliste » qui identifie le langage à la pensée, le mot à la chose, et ne voit dans la langue qu'une nomenclature de termes renvoyant à des objets du monde. D'où la notion discrétionnaire[10] du signe : artifice du lien entre le signe entier (signifiant) et la réalité qu'il désigne (signifié). Par ailleurs, les signes peuvent s'opposer entre eux au sein du système de la langue.

Une telle approche de la langue, où seuls ont de l'importance les relations pures, indépendamment des grandeurs mises en rapport, et où la langue est considérée comme une forme et non une substance, est à la source de ce que l'on a nommé par la suite le *structuralisme linguistique*[11]. D'une certaine manière, il s'agit davantage d'une idée d'ensemble que de principes généraux qui peuvent orienter ou infléchir les recherches dans des directions diverses et parfois inattendues.

B – La sémantique

La sémantique désigne l'étude scientifique du langage du point de vue du sens. Pour l'homme, seule créature parlante, le sens reste une donnée immédiate et fondamentale de l'expérience quotidienne.

---

[10] Discrétionnaire du latin *discretio* : discernement.

[11] Loin de former une école de pensée unique, le structuralisme linguistique ne se réfère pas à une doctrine précise. Il s'agit bien plutôt d'un ensemble de courants, voire d'individus, qui ont développé des théories différentes mais qui se basent sur certains principes généraux communs. Étymologiquement, le terme *structuralisme* montre que la langue est comprise comme une *structure*, c'est-à-dire comme un ensemble d'unités structurées par des réseaux de relations. D'où une commune attention portée à la forme et un même effort pour exposer la langue comme une pure combinatoire d'éléments.

Si la linguistique, qui a pour but de formuler toutes les intuitions que les locuteurs ont sur leur langue, est admise, alors la sémantique en fait partie à l'égal de la *phonologie*[12] ou de la *syntaxe*[13]. La réalité qu'elle désigne n'est pas seulement la moitié du signe, c'est ce qui justifie l'existence du dit signe.

Il est impensable d'aspirer à décrire le mécanisme du langage sans prendre en compte le sens. De ce fait, la linguistique assiste la sémantique (et vice versa) si l'on définit cette dernière comme la discipline ayant pour objet la description du sens des mots, des phrases et des discours produits en langue naturelle.

Précisons donc qu'il sera uniquement question, dans notre étude, de *sémantique linguistique.* Celle-ci utilisant la logique, la philosophie ou pouvant relever de quelque autre domaine de la *sémiologie*[14].

Le sens est donc une réalité. D'où l'idée que *la signification est un principe linguistique* au même titre que les formes sonores et syntaxiques. Son approche est surtout historique.

La sémantique a pour objet la description de l'évolution des significations dans les langues, et l'étude des lois qui gouvernent cette évolution – rétrécissement, élargissement, glissement de sens – .

---

[12] *Phonologie*. Étude des phonèmes à travers leur fonction dans la langue. *Phonème.* En linguistique, chacun des sons d'une langue défini par ses caractères distinctifs.

[13] *Syntaxe.* Partie de la grammaire qui étudie les règles régissant les relations entre les mots (ou les syntagmes) à l'intérieur d'une phrase.

[14] *Sémiologie.* Science étudiant les systèmes de signes. Le monopole de la fonction significative n'est pas exclusif aux énoncés verbaux. En effet, le geste ou la mimique, le marquage sur la route, une œuvre picturale ou musicale,...peuvent aussi faire sens.

Son orientation est psychosociologique [15].

Le langage révèle la pensée, en même temps qu'il indique l'organisation sociale. Les modifications de signification sont la conséquence de processus psychologiques, en même temps qu'ils obéissent à des causes sociales – contacts entre populations, transformations des institutions… – .

Ces considérations sont essentielles notamment dans l'étude du vocabulaire qui doit servir à dégager les faits sociaux et, en premier ressort, à reconstituer l'histoire d'une société par la localisation de mots témoins et de mots clés.

En ce qui concerne le statut du sens et la place de la sémantique dans les modèles linguistiques, les polémiques sont multiples.

Deux tendances s'affrontent. Les tenants de la *tendance à la réduction du sens*, qui réduit celui-ci à divers phénomènes corrélatifs, mais hétérogènes : le contenu du mot se reflète en partie dans sa composition en unités plus petites, mais douées de sens, nommées *morphèmes*[16].

Dans cette perspective, seul ce type morphologique de mots pourrait se prêter à une description sémantique. Mais ce comportement *irrationnel* s'expose à bien des déconvenues, étant donné la fantaisie qui règne dans la morphologie, notamment celle du français[17].

---

[15] G. MATORÉ, « La Méthode en lexicologie ».

[16] *Morphème.* Unité linguistique minimale. Le mot comme « *im-pro-bable* » est ainsi formé de trois morphèmes, son sens global étant la résultante du sens de ses éléments constitutifs.

[17] Si par exemple, on compare *prospecteur*, *facteur*, *receveur*, et *bicyclette*, *baguette* ou *raquette*…

La seconde tendance rassemble les partisans de la *constitution d'une théorie sémantique véritable.* Leur système reste néanmoins essentiellement limité au mot, à savoir la *sémantique structurale.*

Il est nécessaire de se rappeler que la tâche première de la sémantique est théoriquement de décrire le contenu de toute unité linguistique capable de sens, quel que soit son rang : morphème, mot, phrase ou texte. Mais, en réalité, et cela pour diverses raisons, la sémantique est avant tout lexicale, s'apparentant alors à la *lexicologie*[18].

Cette dernière, néanmoins, s'intéresse à tous les aspects du vocabulaire, alors que la sémantique lexicale ne se préoccupe que de son contenu. Quant à la *lexicographie,* elle se définit en quelque sorte comme une sorte de *lexicologie appliquée,* attendu qu'elle traite des questions que pose la préparation des dictionnaires.

C – La lexicologie

La lexicologie est l'étude de sens des mots. En ceux-ci, il faut distinguer les *lexèmes*[19] et les *morphèmes* d'une langue donnée, c'est-à-dire les unités lexicales débarrassées de leur marquage flexionnel éventuel. Ces unités sont, grosso modo, équivalentes à l'ensemble des entrées paraissant à la nomenclature d'un dictionnaire de langue. Mais la lexicologie ne doit pas pour autant être associée à la *lexicographie*[20], qui est l'art d'élaborer les dictionnaires. D'une manière plus précise, la lexicologie est la partie de la linguistique qui s'intéresse à la sémantique lexicale, par opposition à la sémantique de la phrase ou du discours.

---

[18] *Lexicologie.* Partie de la linguistique étudiant le vocabulaire d'une langue.

[19] *Lexème.* Morphème lexical.

[20] *Lexicographie.* Étude du vocabulaire d'une langue ou de plusieurs langues.

Le champ de la problématique de la lexicologie est très large. Les unités significatives minimales de la langue, leur situation, leur quantité, l'organisation de la sémantique des unités lexicales... représentent quelques-unes de ses interrogations. Une autre est celle qui conçoit le lexique comme une composante de la grammaire ou comme un simple domaine d'étude indépendant.

L'étude du sens lexical est antérieure à la lexicologie qui n'est apparue que très récemment comme domaine d'étude autonome. Néanmoins, innombrables sont les travaux concernant le sens lexical qui s'effectuent sans se référer explicitement à la lexicologie.

De ce fait, même si la lexicologie a pour vocation de réunir toutes les études portant sur le sens lexical, cela n'est pas le cas en pratique. Or force est de remarquer que celle-ci ne s'est pas érigée à partir de la conception de méthodes propres d'investigation de la signification lexicale.

Bien au contraire, ses modèles, elle les a toujours cherchés dans les domaines de la linguistique ou de disciplines proches qui lui paraissaient les plus attrayants quant à ses besoins. Citons la lexicographie, la phonologie, la philosophie du langage, la psychologie cognitive, la linguistique quantitative.

L'approche classique de la lexicologie essaie de définir convenablement les concepts sous lesquels seront rangés les objets du monde. La signification d'un *item*[21] lexical donne les conditions nécessaires et suffisantes qu'un objet ou qu'une situation doit satisfaire pour pouvoir être proprement identifié par cet item.

Conséquemment, la lexicologie se submerge de questions héritées de problématiques qui sont en partie extérieures à l'un de ses objectifs réels, par exemple celui de la détermination d'un mot,

---

[21] *Item*. Élément minimal d'un ensemble.

d'une expression quant à son sens original, sa provenance et son adoption par la langue *acquéreuse.* C'est le cas par exemple, dans notre étude, d'un terme arabe qui se retrouve incorporé dans la langue française.

Chapitre II

Langue française et langue arabe

A – La langue française

Pour bien saisir l'évolution d'une langue, le linguiste distingue généralement deux sortes de facteurs : des facteurs internes, c'est-à-dire des mécanismes de modifications proprement linguistiques, dus aux changements et au réajustement des systèmes ; et des facteurs externes, comme les transformations de la société, des techniques, etc..., ainsi que les événements historiques.

Ces principes non linguistiques ont sur le lexique une action clairement discernable, mais encore faut-il vouloir fournir un tel effort de quête de la vérité. En effet, ceux-ci sont dissimulés, falsifiés, voire revendiqués comme faisant partie intégrante du système sans apport extérieur. Une sorte de « cuisine académique » linguistique interne – ici la langue française – .

Dès lors, il serait inutile de mettre directement une langue en rapport avec un fait historique ou un fait de syntaxe quel qu'il soit, par exemple celui de l'apport de la langue arabe (sur le français).

On peut cependant affirmer que les périodes de faiblesse politique et de désordre social accélèrent l'évolution d'une langue, tandis qu'un pouvoir fort et de centralisation ont tendance à la fixer. Ce principe s'est vérifié lors de l'avènement de l'Islâm qui souligne également l'hégémonie de la langue arabe dans le monde.

D'autre part, les changements linguistiques peuvent apparaître lents, nettement plus lents que les mutations sociales ; aussi n'est-il pas rare de percevoir certaines évolutions freinées ou stoppées par l'apparition de nouveaux facteurs internes avant d'être arrivées à leur terme. En Europe, la domination culturelle de l'Eglise est un vecteur essentiel d'un enchevêtrement de causes qui a rendu pour longtemps délicate l'interprétation de leurs effets.

La pensée de l'histoire des langues en général et du français en particulier se renouvelle discrètement dans ses méthodes et ses principes, néanmoins son esprit et ses objectifs restent d'actualité.

1 – Un peu d'histoire et quelques définitions[22]

La langue française ou le *français* se définit comme relatif à la France ou provenant de France (ou de nationalité française). Employé comme nom, le terme *français* caractérise une personne originaire ou habitant ce pays. Il signifie aussi la langue romane parlée en France. Pour mieux comprendre l'origine hétéroclite de la population (et donc de la langue) française, un petit rappel historique s'impose.

a) – La conquête de la Gaule par les Romains et les différentes invasions par les Germains et autres peuplades.

Dès 124 av. J-C, les Romains se lancent à la conquête de la Gaule, nom qu'ils donnent au territoire limité à l'ouest par l'océan Atlantique, au sud par les Pyrénées et la Méditerranée, au nord par la Manche et à l'est par les Alpes et le Rhin. Dépassant les frontières actuelles de la France, il est occupé par une centaine de tribus gauloises, continuellement en lutte.

Une fois la consolidation de leurs conquêtes en Gaule réalisée, les Romains reportent leur attention sur la longue frontière du nord-est, menacée par les tribus germaniques.

---

[22] N.E. BOUTAMMINA, « Maghrébinologie Générale et Systématique - Citoyen de troisième classe », Édit. Albouraq, 2004.

Pendant tout le IVe siècle, des groupes de Germains s'installent en Gaule. Bien que se trouvant en territoire romain, ils maintiennent leur organisation politique, et ont un statut de peuples fédérés. En échange d'un service militaire effectué dans l'armée romaine, ils entrent en possession de terres. En 406, ce mouvement s'accentue lorsque les Vandales, les Suèves et les Alains traversent la frontière du Rhin et progressent rapidement vers le sud de la Gaule pour envahir l'Espagne.

En 412, ce sera le tour des Wisigoths qui pénètreront dans le sud de la Gaule par l'Italie. Appréciant rapidement le statut de fédérés, ils créent un royaume en Aquitaine en 418. En 443, les Burgondes, qui avaient tout d'abord été vaincus par Aetius en 436, s'établissent en Savoie, d'où ils conquièrent, sans rencontrer de résistance, les vallées de la Saône et du Rhône. Au nord-ouest, ce sont les Celtes qui, arrivant d'Angleterre, se réfugient dans la région. Plus tard, elle prendra l'appellation de Bretagne.

Les Germains se joignent en 451 aux Gallo-Romains pour refouler lors de la bataille des *champs catalauniques* une nouvelle horde d'envahisseurs d'origine turco-mongole, les Huns, commandés par Attila.

A la fin du Vè siècle, la Gaule est conquise par une autre tribu germanique, les Francs Saliens. A la tête d'un royaume centré autour de Tournai, leur chef Clovis règne. Celui-ci parvient à consolider sa main-mise sur le pays et favorise l'assimilation entre Francs et Gallo-Romains. La dynastie de Clovis est appelée mérovingienne d'après son fondateur hypothétique, Mérovée (Merovech).

Vers le VIIe siècle, le nom de Francs reçut une nouvelle signification : il s'appliqua désormais à tous les sujets du roi mérovingien, puis carolingien, qui ne se réclamaient pas d'une autre « nationalité régionale ». Au Xe siècle, une évolution inverse restreignit pour quelque temps sa portée, dans le royaume de l'Est, aux habitants de la Franconie (Franken) et, dans celui de l'Ouest, à ceux de la **Francia**, c'est-à-dire du Bassin parisien et des pays de la Loire qui étaient sous l'autorité de la dynastie robertienne, puis capétienne. Finalement, vers le début du XIe siècle, le « royaume des Francs » devint le « royaume de France » et le nom de France supplanta définitivement celui de Gaule.

2 – Invasion de la France par les Arabes ou invasion de la langue française par les mots arabes ?

L'une comme l'autre cette notion (« *invasion* ») demeure un sujet tabou et inhérent à la mentalité et à l'histoire de France.

Si l'on suit le fil de l'histoire conventionnelle rapportée par les encyclopédies et les manuels, c'est vers 730 que l'invasion musulmane des *Sarrasins* venus d'Espagne, s'installe dans le sud de la France et pousse l'occupation jusqu'à Tours et Orléans.

Selon la définition classique, la célèbre *bataille de Poitiers* est le nom donné à l'affrontement entre l'armée de Charles Martel et les troupes musulmanes qui s'est déroulé en octobre 732.

Selon les historiens, cette bataille s'inscrit dans le cadre de l'expansion musulmane dirigée en Occident par l'émir `Abd Ar-Rahmân de Cordoue qui se dirigeait vers le royaume franc, en direction de Tours. Son avancée est arrêtée, d'après *l'Histoire Orthodoxe*[23], près de Poitiers, par l'armée de Charles Martel qui était

---

[23] *Histoire orthodoxe.* Ce que nous nommons *Histoire orthodoxe* est l'Histoire inventée, compilée et véhiculée depuis des siècles par l'Église. Ce type d'histoire *anti-khaldoûnien* (opposé à celui développé par Ibn Khaldoûn) suit le caractère de ce qui est orthodoxe pour le Judéo-christianisme, c'est-à-dire conforme à la seule doctrine du pouvoir ecclésiastique et étatique. Jusqu'à nos jours, rares sont les historiens qui se sont émancipés des dogmes de l'Histoire orthodoxe. Au contraire, celle-ci sert de base angulaire au cursus de formation du corps ensei- .../...

venu porter son appui au duc d'Aquitaine. L'affrontement dure quelques jours et se solde par la victoire des Francs. Cette bataille décisive symbolise la fin de l'offensive musulmane en Occident.

Mais en réalité, l'histoire est tout autre[24].

Une fois de plus, la présence de l'Arabe dans cet épisode historique réalise cette plus-value de mythologie qu'affectionne l'âme populaire. L'exemple le plus significatif de ce phénomène en est la *Chanson de Roland,* qui repose, il faut le dire, sur un fond historique mineur : l'anéantissement par les Basques à Roncevaux de l'arrière-garde de l'armée de C. Martel (Charlemagne) dirigée par le comte Roland. L'événement souffrait d'une absence manifeste de dimension épique ! L'imagination *trouvère* y pallie aussitôt. Remplaçant les Basques en Sarrasins, Roland en neveu de Charlemagne et faisant de l'empereur, le justicier du comte, la chanson de Roland devient alors le premier « *monument* » de la littérature française.

Par ailleurs, N. Coulet[25] a indiqué que les linguistes, même ceux d'origine basque, ont constaté que la langue *eskuara*[26] avait emprunté des mots de l'arabe[27], ce qui devait suffire à faire passer les basques, auprès des chevaliers français, pour une espèce un peu particulière de Sarrasins !

---

gnant et demeure inscrite au programme de tout le cycle scolaire (de l'école primaire à l'Université).

[24] N.E. BOUTAMMINA, « Les Contes des Mille et Un Mythes », Édit. Auteur, Saint-Étienne, 1999 et « La bataille de Poitiers (732) n'a jamais eu lieu », Édit. Albouraq, 2006.

[25] N. COULET et Y. LEQUIN, « Histoire des étrangers et de l'immigration en France (Les frontières du royaume) ».

[26] Nom que les Basques ont donné à leur langue.

[27] Par exemple, citons les mots : *jabe* : maître, venant de l'arabe *rabb* ; *aba :* père, en arabe *ab (abou, aba* ou *abi*) ; *korban* : don, *qorbân* ; *merraga* : linceul de peau, *maraqa* ; *Ochala* : plaise à Dieu, *inshallah*...

Quant à R. Garaudy[28], il signale que c'est en fait le comte Eudes qui, le premier, avait fait alliance avec les chefs arabes d'Espagne pour les faire venir en Aquitaine.

Il importe donc de rétablir une réalité historique qui apparaît mal dans les manuels destinés à nos enfants. Car la source principale relatant l'importance et la signification historique de la bataille de Poitiers est la chronique de l'abbaye de Moissac et c'est donc toujours la version occidentale qui prévaut...

Mais cette question a fait l'objet d'un ouvrage. Citons donc seulement pour conclure sur ce point, les propos éclairants de F. Gabrieli[29] :

« *La célèbre bataille de Poitiers où les Sarrasins d'Espagne sont battus par les forces franques de Charles Martel, est considérée assez inexactement comme une date capitale de l'histoire de l'Occident, qui aurait marqué l'arrêt de l'avancée arabe en Europe. En réalité, cette progression se limitait à de simples expéditions qui se poursuivirent d'ailleurs après Poitiers. Mais répétons-le, il s'agissait seulement d'incursions de pillards et, en fin de compte, la France mérovingienne et carolingienne n'ont vécu l'aventure arabe que marginalement, plus comme une péripétie dangereuse que comme une phase décisive de son histoire.* »

La présence arabe en France n'a d'ailleurs laissé de traces que dans la toponymie et la littérature. Comme celui de Poitiers, le nom de Roncevaux a revêtu une valeur symbolique dans la littérature épique européenne, en élevant au niveau de l'épopée ce qui ne fut qu'une escarmouche, répétons-le, entre l'arrière-garde de l'armée franque de Charlemagne et des mercenaires de l'armée sarrasine.

---

[28] R. GARAUDY, « Pour un dialogue des civilisations ».

[29] F. GABRIELI, « Histoire et civilisation de l'Islam en Europe ».

Pourtant, de l'apport innombrable dans tous les domaines du savoir[30] (et notamment au niveau de la linguistique), de ces legs arabo-musulmans, la plupart des spécialistes des Sciences humaines (historiens, ethnologues, linguistes, sémanticiens, *philologues*[31]...) n'en ont jamais entrepris d'études sérieuses – quand il en existe –.

3 – Du latin au français

L'histoire du français, langue romane, débute par le latin, non pas le latin classique mais le latin *vulgaire* ou *populaire* ou encore *roman commun* : on nomme ainsi ce que l'on présume avoir été la langue parlée dans la partie occidentale de l'Empire romain. Quant à l'ancienne langue celtique gauloise, qui n'était pas écrite, il n'en subsiste que quelques mots. Les invasions germaniques en Gaule ont provoqué, avec l'émiettement et la faiblesse du pouvoir politique, la ruine de ce qui subsistait comme lettres et études latines. En conséquence, il y eut une accélération de l'évolution, qui fit éclater le gallo-roman en dialectes multiples distribués en deux groupes principaux : Le groupe d'*oïl* au nord et le groupe d'*oc* au sud. En même temps, un important nombre d'éléments germaniques pénétrèrent dans la langue.

L'ancien français s'est formé dans le domaine d'oïl. Ses caractères dominants sont ceux des variétés écrites et parlées en Île-de-France, par suite d'événements historiques et politiques (unification du pays par les rois de France autour de Paris, leur capitale).

Le *Serment de Strasbourg* (842) est le premier texte en langue romane qui nous soit parvenu. Depuis la conquête de J. César, en 51 avant J.-C., huit siècles se sont écoulés, pendant lesquels le latin

---

[30] N.E. BOUTAMMINA, « L'Islâm fondateur de la Science - La Renaissance et Les Lumières, les siècles de plagiat », Édit. Albouraq, 2006.

[31] *Philologues.* Spécialiste de philologie, étude d'une langue à partir de l'analyse critique des textes.

parlé par les colonisateurs romains s'est profondément modifié. Or les spécialistes (historiens, linguistes, sémanticiens) ignorent à peu près tout des modalités et des phases de cette évolution.

4 – L'ancien français

Du Xe au XIIIe siècle s'étend la période qui voit s'installer puis s'amenuiser la féodalité. La société féodale est foncièrement chrétienne, diversifiée et solidement hiérarchisée, guerrière, agricole et campagnarde mais rarement urbaine.

Tout au long de son histoire, l'unification linguistique de la France est en rapport avec son unification politique et les progrès de la centralisation. La cour du roi est installée à Paris et la centralisation de l'administration ou du pouvoir judiciaire va dans le même sens.

C'est à partir du XIIIe siècle que la justice royale supplante les juridictions seigneuriales ou ecclésiastiques (timidement pour ces dernières qui restent toutes puissantes). Ainsi, dans le domaine d'oïl, des variétés écrites communes se voient érigées, *scripta* (administratives) ou *koïne* (littéraires), plus ou moins fermement soumises à des traits dialectaux selon les époques et les régions, mais intelligibles dans tout le Nord et ne s'assimilant à aucun dialecte localement parlé.

Au XIIème siècle, la langue des œuvres littéraires présente des différenciations provinciales (normandes, picardes ou champenoises).

Puis au XIIIe siècle, de nombreux témoignages montrent le prestige et l'influence croissante de l'ancien *français commun*[32]. Ainsi, les *scriptae* régionales perdent au fil du temps leurs traits dialectaux.

---

[32] Le *français commun* est illustré à partir de 1276 par le succès considérable du *Roman de la Rose*.

Ce que l'on a appelé le *francien*, à la suite des romanistes de la fin du XIXe siècle, paraît en définitive ne pas avoir existé en tant que langue parlée en Île-de-France mais répondrait plutôt à la scripta de cette région.

Le dialecte local vraiment exprimé dans les milieux populaires demeure vague et/ou inconnu. Dans le Midi, la situation linguistique générale reste identique quant à son organisation. L'occitan comme langue littéraire dépérit après la croisade des Albigeois (XIIIe s.). Ainsi, le domaine d'oc restera fractionné en de multiples parlers locaux.

a) – Le lexique de l'ancien français

Langue de la société médiévale, l'ancien français est dans l'ensemble concret et technique. Il est nettement tourné vers les réalités rurales ou guerrières et la vie pratique. D'autre part, le système féodal et le monde courtois font naître un vocabulaire indiquant des rapports hiérarchiques ou aristocratiques.

Assise d'un fonds primitif provenant du roman commun, auquel s'ajoutent un faible substrat gaulois et un superstrat germanique plus important, le lexique de l'ancien français se développe abondamment par dérivation. La *dérivation régressive* est un procédé très productif jusqu'au XVIIe siècle. Par exemple, le mot *sumitas* donne *sommet, summum* et *cime*[33]. Quant aux formes suffixées, leur variété est impressionnante, mais elles ne sont pas spécialisées sémantiquement et les doublets foisonnent (*salutem, salutare, salut, salutation* qui signifient *saluer*[34]).

[33] Cf. chapitre III, « MOTS FRANÇAIS D'ORIGINE ARABE ».
[34] *Ibid.*

Par ailleurs, dès cette époque, le vocabulaire savant (provenant par exemple de la langue arabe), se latinise dans les *scriptoriums* des abbayes et sous la férule de l'Eglise, puis les termes empruntés sont francisés selon les schémas phoniques et morphologiques de l'ancien français. Le même schéma sera repris tout au long de la période de la Renaissance et du siècle des Lumières.

Richesse et diversité morphologique, telles sont donc les caractéristiques du vocabulaire dont héritera la langue française contemporaine.

L'accent tonique, important en arabe, est responsable d'une véritable érosion phonétique qui ruine les flexions et réduit la plupart des mots à une ou deux syllabes (par exemple, *'iwazzoun* : oie ; *fana'oun* : fin). La plupart des voyelles se sont néanmoins conservées de l'arabe au latin puis au français, mais elles ont été diphtonguées[35].

L'abondance et la variété de ces diphtongaisons qui vont peu ou prou disparaître au cours de l'évolution, opposent le français aux autres langues romanes. Les voyelles initiales, frappées par un accent secondaire, ont moins évolué. Presque toutes les voyelles inaccentuées ont disparu. Certaines consonnes ont eu tendance à ne plus être prononcées entre les voyelles et en position finale ; et, en conséquence, les groupes consonantiques se sont réduits.

Les nuances vocaliques sont nombreuses, avec le son *e* sourd caractéristique de l'évolution du français (il provient surtout du *a* final arabe qui se rencontrait dans les substantifs féminins de la première déclinaison, et il devient ainsi la marque du féminin fran-

---

[35] *Diphtonguer.* Convertir en diphtongue, c'est-à-dire en une voyelle unique qui change de timbre au cours de son émission.

çais), et les consonnes simples (les groupes consonantiques, abondants dans la plus ancienne langue, sont en voie de disparition).

La graphie, quoique très fluctuante, est assez simple et phonétique. Les transformations qui, sur le plan du système morpho-syntaxique, mènent de l'arabe au latin puis à l'ancien français et finalement au moyen français s'expliquent en partie par l'action déstructurante de l'évolution phonétique, tantôt compensée, tantôt compliquée, tantôt accélérée par les modifications sémantiques et par un processus analogique (fait important dans une langue évolutive).

L'ancien français a ainsi hérité du latin, qui lui-même a latinisé maintes expressions ou termes arabes. Le cas de l'article défini masculin singulier *le* ou féminin singulier *la* (qui n'est que l'inversion d'une lettre) provient du même article défini *el* ou *al*. Le fait est acquis au XIVe siècle. Le mode prépositionnel de l'ancien français et l'article assuraient déjà une partie des fonctions dévolues au français.

La diversité morphologique constitue un des caractères les plus frappants de la langue française dont l'explication, quoi qu'en disent les spécialistes, a une grande cause arabe, comme nous allons le découvrir plus loin.

Au déclin du système féodal, nous l'avons précisé, la centralisation s'amorce. L'emploi du français se répand dans les villes tout au moins, car les provinces et les campagnes exprimeront jusqu'à la Révolution les anciens dialectes réduits au rang de patois.

Du XIV au XVIème siècle se présentent des tendances et des facteurs d'évolution que les circonstances sociales et culturelles soutiennent de manière importante, marquant le développement et l'efficacité du français. Dans le balbutiement de la prose littéraire (romans, histoire, théâtre religieux ou profane, prose judiciaire), le français retrouve les positions du latin. Les notions de style, de technique, d'amélioration possible de l'écriture se font plus impérieuses. Cependant, cette démarche se fait sous l'étroite surveillance et le contrôle de l'Eglise, de sa langue vernaculaire et liturgique, et donc, sous la tutelle du latin, à la fois recours et modèle. Peu à peu, l'on assiste au déploiement d'une étrange « folie latinisante. ».

L'imprimerie (la première à Paris date de 1470) donne naissance à un commerce notoire et change les conditions de lecture, de composition littéraire et d'uniformisation de la langue. Puis, le mouvement dit *humaniste de la Renaissance* est un retour aux (soi-disant) sources gréco-latines qui a autorisé une sorte de *relatinisation* de la langue écrite.

Néanmoins, il s'accompagne de l'ambition de hisser le *vulgaire français* (ou langue des gueux) au même plan que le latin, et multiplie les recherches de réflexions sur les différents moyens d'y parvenir tout en cultivant dans ce dessein l'idiome national[36].

b) – Création lexicale et fixation progressive

Pour remplir ces fonctions nouvelles de langue écrite, le vocabulaire doit alors progresser. De ce fait, le *moyen français* constitue la période de création lexicale la plus intense de l'histoire de la langue française.

Or si des analyses statistiques de la langue française étaient réalisées, elles montreraient à coup sûr qu'**une très grande partie des mots ou souches actuellement vivantes de la langue française sont d'emprunts arabes**. Ces derniers remontent à l'ancien français et sont entrés dans l'usage du XIVe au XVIe siècle, pour être finalement incorporés comme faisant partie intégrante de la langue française sans rappel de leur apport extérieur (et surtout pas arabe).

---

[36] J. DU BELLAY, « Défense et illustration de la langue française ».

Ajoutons qu'une très large part du vocabulaire de la langue est bien entendu renouvelé au fil des évènements *socio-économico-historique* de la France lors des Croisades (par exemple, « chiffre » du mot *Sifr* : zéro ; « botanique » de *Boustân* : jardin ; « café » de *qahwa*...) ainsi que lors du Colonialisme (par exemple, « chouia » de *Shouya* : un peu ; « souk » de *soûk* : marché ; « bled » de *baladoun* : pays, région...).

B – La langue arabe[37]

« *Des quatre coins de la terre, le savoir était transmis en langue arabe et, embelli de la sorte, il pénétrait dans les cœurs des hommes, tandis que la beauté de cette langue envahissait leurs veines et leurs artères*[38] .»

1 – L'écriture fixe la langue

Afin de bien saisir la notion linguistique de la langue arabe, il est utile de dire quelques mots sur son support qu'est l'écriture arabe :

L'arabe représente la plus ancienne langue et le plus vieux système d'écriture.

Dès son origine, l'*arabe est un système d'écriture complet par excellence.* Il sert de prototype à toutes les autres écritures[39]. Tous les peuples (Phéniciens, Mésopotamiens, Perses, Égyptiens, Grecs, etc.,...) ont emprunté ce système de signes graphiques : l'*alphabet arabe.*

---

[37] N.E. BOUTAMMINA, « Origine commune des systèmes d'écriture - L'Arabe ka`baéen », Édit. Albouraq, 2006.

[38] R. AL-BIROÛNÎ, « Kitâb as-Sâiydâna ».

[39] N.E. BOUTAMMINA, « Origine commune des systèmes d'écriture - L'Arabe ka'baéen », Édit. Albouraq, 2006.

Ainsi, les systèmes d'écriture peuvent être qualifiés de *logographique*[40], à base de mots, de syllabique ou d'alphabétique. Dès lors que les systèmes complets d'écriture représentent des composants de la langue, la compréhension de cette langue est nécessaire pour le discernement du sens voulu par le scripteur. Etant donné que chaque signe constitue un *phonème*, le terme qui est préconisé par le scripteur est rendu explicitement lettre par lettre et le lecteur n'a à lui joindre aucun son. Ainsi, la langue arabe est dans sa forme pure le système d'écriture par excellence.

Cette langue apparaît d'emblée comme fixée dans une forme hautement élaborée, avec des constructions morpho-syntaxiques précises et un vocabulaire d'une surprenante richesse. **Elle est à coup sûr l'aboutissement d'une histoire déjà longue** !

a) – Système d'écriture complet par excellence

Un système complet est capable d'exprimer tout type de notion articulée par le langage. Dès lors, ce système se définit par une correspondance plus ou moins fixée entre les signes du système d'écriture et les éléments de la langue que l'écriture représente. Les principes de la langue symbolisée sont composés de mots, de syllabes et de phonèmes qui sont les plus petites unités de parole distinguant deux émissions vocales dans cette langue.

Lorsque les systèmes complets d'écriture représentent des composants de la langue, la compréhension de cette langue est nécessaire pour le discernement du sens voulu par le scripteur.

Les systèmes d'écriture sont dits transférables lorsqu'ils peuvent être transférés, portés, emmenés d'un lieu dans un autre lors des migrations. A l'inverse d'un système pictographique, un système

---

[40] *Logographique*. Du grec, logos : discours et graphein : écrire.

complet d'écriture est inintelligible pour le lecteur sans un savoir préalable de la langue sous-jacente.

Alphabet

Le vocable *Alphabet* provient de *Alif* et *Bâ*, les deux premières lettres de l'alphabet arabe. L'alphabet est une série de signes graphiques dont chacun représente un ou plusieurs phonèmes donnés qui peuvent être diversement combinés pour former tous les mots d'une langue.

De fait, l'écriture intégralement alphabétique satisfait d'une part à la séparation entre les sons consonantiques et les sons vocaliques et, d'autre part, à l'écriture séparée des uns et des autres. L'écriture alphabétique nécessite le plus grand nombre de signes pour un son donné, mais le nombre de signes nécessaire par le système entier est faible, de sorte que les signes peuvent encore être très simples.

Etant donné que chaque signe peut constituer un phonème, le terme qui est préconisé par le scripteur est rendu explicitement lettre par lettre et le lecteur n'a à y joindre aucun son. **Ainsi, la langue arabe est dans sa forme pure le système d'écriture par excellence.**

Le premier alphabet archéologique et anthropologique qui s'est développé est l'alphabet arabe ou alphabet sémitique pur : *l'Arabe Ka`baéen* (*ou Kaabaén*). L'alphabet arabe, constitué uniquement de consonnes, comporte vingt-huit lettres. Trois d'entre elles seulement peuvent être utilisées pour représenter des voyelles longues et on peut aussi noter les voyelles en ajoutant des points ou des traits placés en dessous, au-dessus ou à côté des consonnes, ce sont les *signes diacritiques*.

La remarquable et soudaine expansion de l'arabe est liée à la naissance en Arabie, autour de 620, d'une croyance, qui allait se révéler d'un dynamisme extrême : l'Islâm. L'avènement de ce dernier s'accompagne partout de l'avance de l'arabe, langue dans laquelle s'est effectuée la Révélation, consignée dans le Qur'ân. En conséquence, même dans les pays où il n'a pu s'établir comme langue parlée aux dépens de celles qui y étaient alors en usage, l'arabe s'est imposé comme langue de culture, à tout le moins comme langue religieuse. Aussi a-t-il conquis, à ce titre, de vastes régions du monde.

Histoire de la langue

L'arabe ka`baéen[41] fut la langue – improprement dite sémitique par les spécialistes – génétiquement à l'origine, par exemple, de l'akkadien, l'amortie, l'ougaritique, le cananéen (hébreu, phénico-punique, moabite), l'égyptien, l'araméen, le sudarabique (sabéen, awsanique, qatabanique, hadramoutique...) et divers idiomes éthiopiens (guèze, amharique...). Cet ensemble constitue donc un sous-groupe particulier dont le berceau est la presqu'île arabique, d'où serait parti le processus d'arabisation ka`baéenne.

Dans la période historique la plus ancienne, l'arabe ka`baéen proprement dit n'occupait pas l'ensemble de la péninsule mais était circonscrit dans le Hedjâz. Les spécialistes pensent reconnaître deux grands ensembles dialectaux assez différents l'un de l'autre. En réalité, il faut considérer le sudarabique et l'arabe du Nord comme étant les deux aspects d'une même langue : l'arabe ka`baéen. De lui procède l'arabe du Qur'ân et donc l'arabe actuel.

---

[41] *Ibid.*

Chapitre III

Mots français d'origine arabe

Avant d'analyser la rédaction de quelques termes français d'origine arabe, nous sommes amenés à considérer parmi les divers domaines de la littérature (romanesque, prétendument scientifique...) la lexicographie (composition des dictionnaires), pour nous faire une idée du haut degré de *fausseté* intellectuelle et culturelle qui a régné -et qui règne toujours- en France.

A – Occulter, transformer, nier : norme à suivre

Les ouvrages qui répertorient sous forme d'inventaire les mots d'une langue et les mettent en rapport avec des définitions explicitant leur sens sont des ouvrages qui jouent un rôle considérable dans la pensée. Les dictionnaires[42] fixent des états historiques et culturels véhiculés par des traditions et des préjugés qu'il faut réexaminer. Or ils ont souvent été délibérément hostiles à l'égard de l'Islâm, de la culture et de la société musulmane.

Les glossaires latin-français de la période médiévale façonnent les dictionnaires du français, parmi lesquels celui de J. de Gênes[43] (1240). Au XVIe siècle, alors que se multiplient les travaux de tra-

[42] Les musulmans inventent le dictionnaire au début du VIIè siècle. Cf. N.E. BOUTAMMINA, « Les Contes des mille et un mythes », N.E, Édit. Auteur, Saint-Étienne, 1999.
[43] J. DE GÊNES, « Catholicon ».

duction des érudits musulmans en latin et en grec, d'autres dictionnaires[44] paraissent (1532). Dans celui de Robert Ier Estienne[45] (1539), les mots de la langue française sont écrits en français et accompagnés de leurs concordances en latin.

Jean Nicot, seigneur de Villemain[46] publie (en 1600) un dictionnaire où s'inscrivent des développements en français. Le bilinguisme du dictionnaire devient unilinguisme.

Richelet[47] (1680), A. Furetière[48] (1690) et, à moindre importance, l'Académie[49] (1694) constituent des dictionnaires unilingues, témoignages sur la langue technique, les jargons des métiers et sur les expressions populaires ; puis les dictionnaires de Trévoux[50] (1771) qui était le siège d'une Académie de pères jésuites, de l'abbé Girard[51] (1718) au XVIIIe siècle et enfin de l'abbé Bergier (1789) présentent un vocabulaire plus lettré.

E. Littré[52] (1801-1881), philosophe, homme politique et philologue français est l'auteur d'un dictionnaire de la langue française qui fait encore référence aujourd'hui. Élu député libéral en 1871, il

---

[44] « Thesaurus linguae latinae ».

[45] R. 1er ESTIENNE (1503-1559), « Dictionnaire françoys-latin ». Au XVIe siècle, les Estienne constituent une famille d'imprimeurs et d'érudits. Célèbres en leur temps, ils le sont restés par leurs travaux auxquels ils se sont attachés. Henri 1er Estienne, collaborant avec Hopyl, un Allemand, imprime au début du siècle plus d'une centaine d'ouvrages en latin. Le fils aîné d'Henri 1er, François, est reçu libraire quinze ans plus tard et s'illustre par des éditions en grec, mais c'est son frère Robert 1er qui est le plus connu.

[46] J. NICOT (1530 env.-1604), « Trésor de la langue françoyse ».

[47] RICHELET, « Dictionnaire des mots et des choses ».

[48] A. FURETIERE, « Dictionnaire universel » – « Roman bourgeois ».

[49] Académie, « Dictionnaire ».

[50] TRÉVOUX, « Dictionnaire ».

[51] ABBÉ GIRARD, « Sur la justesse de la langue française ».

[52] E. LITTRÉ, « Œuvres » - « Vie de Jésus » – « Histoire littéraire de la France ».

devient sénateur en 1875 et entre à l'Académie française. Il étudie la médecine, puis les langues anciennes (le latin et le grec), ainsi que l'arabe et contribue à diffuser le positivisme[53].

La grande œuvre de E. Littré est son dictionnaire commencé en 1859, qu'il publie entre 1863 et 1872. La nouveauté de ce dictionnaire est de rassembler les mots de l'usage contemporain, en incluant les termes techniques, populaires ou dialectaux. Cependant, bien que l'étymologie y tienne une place importante, elle se révèle parfois fausse. Son originalité réelle et son intérêt, aujourd'hui encore, viennent du fait qu'il présente pour chaque article un choix important de citations qui en font une sorte de somme de la littérature française.

P. Larousse[54], grammairien, lexicographe et éditeur français fonde la Librairie Larousse (1850) et publie de nombreux dictionnaires suivis d'une série de dictionnaires encyclopédiques.

L'essor des ouvrages est considérable au XXe siècle. Citons l'*Oxford English Dictionary,* somme monumentale de la description de la langue anglaise commencée en 1857 et publiée en dix volumes entre 1884 et 1928.

Les dictionnaires du XXe siècle sont non seulement très variés mais également tributaires des exigences du marché.

Moyen d'alimentation, de standardisation et d'échange, les dictionnaires s'adaptent par leur nature, leur conception et leur visée. Néanmoins, ils véhiculent toujours des idées fausses ou des préjugés qui, par ce biais, perdurent.

---

[53] *Positivisme.* Philosophie qui admet sans critique la valeur des sciences comme telle.

[54] P. LAROUSSE (1817-1875), « Grand Dictionnaire universel du XIXe siècle » – « Grand Larousse du XXe siècle » – « Grand Larousse universel ».

Par exemple, la définition du mot *Arabe* à différentes époques est très explicite.

Selon le dictionnaire de la langue française du XVIè siècle, *Arabe* signifie : « *Homme avide d'argent.* »

D'après le dictionnaire de A. Furetière : « *Arabe. Subst. masc. et fém. Avare, cruel, tyran.* »

Le dictionnaire de l'Académie : « *Arabe. s. m. Il signifie quelquefois, dans le langage familier, un homme qui prête son argent à un intérêt exorbitant, ou qui vend excessivement cher, ou qui exige avec trop de dureté ce qu'on lui doit.* »

Dans la version de 1932 du dictionnaire de l'Académie, le mot Arabe a été retiré purement et simplement.

Le Dictionnaire des Arts et des Sciences de 1732 définit l'Islâm : « *Mahométisme. Religion venue de Mahomet, qui naquit à la Mecque, ville de l'Arabie heureuse, l'an 591, sous le règne de l'Empereur Maurice. Il avait une vivacité d'esprit merveilleuse qui, lui ayant permis d'apprendre le vieux et le nouveau Testament, lui donna lieu d'imaginer une religion dont il dressa des mémoires, qu'il divisa en cent quatre-vingts chapitres remplis de fables, de calomnies et d'un pur mélange de folie et d'impiétés sans aucun ordre.* »

Le dictionnaire de Trévoux, édition de 1771, énonce : « *Mahomet. s. m. Nom d'homme. Muhammedes, Mahometus. L'auteur de la religion Mahométane a rendu ce nom fameux... Il commença à répandre sa doctrine extravagante au commencement du VIIè siècle. En 622, il fut obligé de s'enfuir de La Mecque, le 16 de juillet. Ce qui fonda la fameuse époque de l'Hégire, c'est-à-dire, de la fuite, et mourut âgé de 63 ou 65 ans. Mahomet I, Mahomet II, etc.,... sont des sultans des Turcs ; mais Mahomet tout court, c'est le faux prophète dont nous venons de parler. Mahomet fut un homme superbe, ambitieux, cruel, débauché à l'excès, ne sachant ni lire, ni écrire, et tout à fait indigne d'être l'envoyé de Dieu.* »

R. Journet, J. Petit et G. Robert[55] (auteur du célèbre « Petit Robert ») publient un dictionnaire où on ne trouve aucune trace des mots suivants : Arabe, Coran (Qur'ân), Musulman, Islâm et Muhammad (ﷺ) Ce dictionnaire est une édition de 1966 !

E. Littré[56] définit dans son dictionnaire, édition parut en 1956 :

« *Coran. s.m. Livre qui contient la loi religieuse de Mahomet., korân, lecture, du verbe karn, lire...* ».

« *Mahom ou mahon, s.m. Nom que dans le Moyen-Age on donnait à Mahomet. "Par Mahon" jurement qui était fort en usage.* »

« *Mahométan, ane. s.m. et f. 1° Celui, celle qui professe la religion de Mahomet...* ».

« *Mahométanisme, s.m. Synonyme de Mahométisme* ».

« *Mahométisme, s.m., Religion caractérisée essentiellement par un sévère monothéisme ou croyance à un Dieu unique et créateur de toute chose, avec Mahomet pour prophète et le Coran pour livre...* ».

Muhammad (ﷺ) est occulté dans ce dictionnaire.

Les dictionnaires à la fin du XXè siècle s'ajustent à l'époque contemporaine et à la « décolonisation » en consacrant à Muhammad (ﷺ) plusieurs colonnes !

La *désinformation* est l'action de fausser l'information en donnant une image déformée de la réalité. Les exemples ci-dessus en sont une preuve flagrante. Quant à la *manipulation*, elle signifie l'emprise exercée sur une personne, sur un groupe. Ces deux

---

[55] R. JOURNET, J. PETIT & G. ROBERT, « Mots et Dictionnaires (1798-1878) ».

[56] E. LITTRÉ, « Dictionnaire de la langue française ».

termes ont été exploités et transmis avec acharnement en de nombreuses occasions, comme dans le récit du célèbre mythe de la bataille de Poitiers que nous avons esquissé.

B – Histoire orthodoxe

L'arabe, langue d'innombrables écrivains et savants fondateurs des sciences et des techniques[57], qui ont permis le développement de la pensée humaine et la formation de la culture moderne, mérite à juste titre d'être un peu plus considérée. Mais l'*Histoire Orthodoxe* dissimule mal son antipathie viscérale à l'égard de cette langue et de ce qu'elle véhicule de plus néfaste à ses yeux, à savoir l'Islâm.

En effet, un sujet dominant les sciences tout au long des XVIIe et XVIIIe siècles, sont **l'hellénisation et la latinisation de la nomenclature et de la classification arabe**[58]. Rappelons que lors de la politique d'hellénisation, la nomenclature arabe est progressivement remplacée par des symboles et lettres grecques sous la plume des plagiaires chrétiens et avec la bénédiction des autorités ecclésiastiques. Néanmoins, ce déguisement ne change rien aux formules et aux lois qui demeurent celles que les auteurs musulmans ont inventées et dont le fait d'en retrouver les traces dans d'anciens manuscrits reste une preuve flagrante.

Lors de l'avènement de l'humanisme et l'encouragement papal, les termes techniques empruntés à l'arabe seront aussi latinisés. Ainsi, la langue scientifique entièrement composée d'emprunts

---

[57] Cf. encore une fois l'ouvrage « L'Islâm fondateur de la Science - La Renaissance et Les Lumières, les siècles de plagiat », Édit. Albouraq, 2006 ».

[58] Par exemple, en botanique et en zoologie, c'est C. VON LINNE (1707-1778), issu d'une famille de théologiens qui se charge de ce travail. Puis il sera repris par ses coreligionnaires qui le développeront sans cesse par de nouvelles données.

arabes, très répandus par exemple dans le vocabulaire anatomique et qui se maintiennent chez quelques écrivains, est à créer.

F. Rabelais[59] parle encore du *mirach* et du *siphac*, tout comme H. de Mondeville[60] chirurgien du roi de France et G. de Chauliac[61].

Partout en Europe, on se met au grec et au latin en encourageant le remplacement de la terminologie arabe pour l'adapter, par exemple, aux études médicales[62]. T. Linacre (v. 1460-1524) est allé apprendre le grec et le latin en Italie sous la férule de D. Chalcocondyle (1424-1511) et les enseigne à son tour à Oxford.

En 1530, deux lecteurs royaux pour le grec attirent sur les bancs du Collège royal à Paris, fondé depuis peu de temps, de nombreux auditeurs. Au bonheur de F. Rabelais qui en 1532 proclame toutes les disciplines restituées et la langue grecque instaurée, sans laquelle, toute personne ne doit se dire savante[63].

Enfin, G. Patin[64] médecin et écrivain français, fervent disciple des J.P. Brissot[65], F. Rabelais, Érasme[66], etc., déclare : « *La méde-*

---

59 F. RABELAIS (1483-1553), « Pantagruel & Gargantua » – « Tiers Livre ».

60 H. DE MONDEVILLE (1260-1320). Il est un défenseur du traitement aseptique des plaies et de l'utilisation des sutures comme le préconisent ses maîtres AR-RÂZÎ, IBN-SINA et ABOU AL-QASIM ZAHRAWI...

61 G. DE CHAULIAC (1300-1368). A l'aide des travaux de AR-RAZI et de IBN-SINA il reconnaît la peste lorsqu'elle est apparue pour la première fois en Europe en 1348. En outre, il copie de nombreux instruments chirurgicaux de ABOU AL-QASIM ZAHRAWI.

62 E. DELARUELLE, « L'étude du grec à Paris ».

63 A EULHARD, « Rabelais, ses voyages en Italie, son exil à Metz ».

64 G. PATIN (1601-1672), « Lettres ».

65 J. P. BRISSOT (1754-1793), « Patriote français » – « Théorie des lois criminelles. »

66 ÉRASME (1467-1536), « Éloge de la folie ».

*cine, qui depuis des siècles met à contribution ses ressources thérapeutiques en faveur des trois règnes animal, végétal et minéral, est la "cuisine arabesque." **Il est un devoir pour les chrétiens de modifier cette terminologie !** ».*

J. Fernel[67] tient le même discours. Il assimile la classification en la latinisant et entend bannir de la médecine *les subtilités islamiques*[68]. Il est bien entendu suivi par beaucoup de ses coreligionnaires.

L'aversion de la chrétienté pour la langue arabe, **symbole de l'Islâm, contribue à l'invention sur la base étymologique des termes arabes, d'expressions latines et grecques. En conséquence, l'énergie qu'elle a déployée fut à l'échelle de ses sentiments. Le latin et le grec[69], patois de l'intellect superstitieux et de l'esprit mythologique sont devenus la base de la terminologie scientifique. Ainsi, la source fut celée pour la postérité.**

Le travail a été bien accompli car il subsiste peu de termes arabes non maquillés. Tout individu peu ou prou instruit, à la lecture d'un texte (historique) de science, comme par exemple celui d'un ouvrage de Chimie ou de Médecine, pense sans équivoque possible, qu'il a affaire à une science d'origine grecque et chrétienne.

Comme nous l'avons constaté, les dictionnaires ont certes évolué dans cette époque de mondialisation, néanmoins des insuffisances persistent. Est-ce le fait d'une négligence complaisante, d'une logique, d'une stratégie politique culturelle ou hégémo-

---

[67] J. FERNEL (1497-1558), « Universa Medicina ».

[68] J. MARIETAN, « Problème de la classification des Sciences d'Aristote à Saint-Thomas ».

[69] Ce n'est pas sans raison qu'on définit le grec et le latin comme langues mortes. Cf. N.E. BOUTAMMINA « La société gréco-romaine, une barbarie sophistiquée ? », Édit. Albouraq, 2006.

nique ? Quoi qu'il en soit, dans les domaines scientifiques, des erreurs à la limite de l'égarement persistent dans les transcriptions, ce qui entraîne l'inexistence apparente du mot en arabe.

De même, la problématique de vocalisation irrésolue engendre de fausses interprétations[70]. Ajoutons à cela, et c'est le plus grave, l'omission volontaire de faire correspondre les mots arabes, de façon indubitable. Compte tenu de tout cela, le contact entre disciplines scientifiques n'offre aucune vue générale du patrimoine linguistique arabe transmis à la langue française. L'astronomie, par exemple, en donne un bel exemple[71] où d'innombrables noms de constellations, de corps célestes, d'instruments d'observation et de termes techniques liés aux phénomènes astrophysiques sont usités par la langue française.

Les mots français d'origine arabe ne se sont pas *cristallisés*. Bien au contraire, ils ont été à l'origine d'autres termes qui se sont inclus naturellement dans l'idiome français[72].

L'étude qui suit en est un clair exemple.

Les termes qui sont usités ici en français proviennent de deux sources. D'une part, il s'agit d'un mot arabe qui est latinisé (ou hellénisé) et qui passe indirectement en français ; d'autre part, c'est un terme arabe qui passe directement en français. Celui-ci *s'ajuste*. Soit il ne subit aucune modification phonétique et il est incorporé

---

[70] Par exemple, les dictionnaires interprètent *al-karaza* par *alcarazas* (vase en terre conservant l'eau fraîche par évaporation lente) alors que ce terme désigne la cerise. En réalité c'est le mot *al-kourâz* qui signifie récipient pour l'eau ou cruche.

[71] H. MESNARD, « Ciel et Terre ».

A. BENHAMOUDA, « Étoiles et constellations ».

[72] Notons que la lettre « *p* » n'existe pas en arabe, elle s'assimile à la lettre « *b* ». De ce fait, la lettre « *p* » composant les mots en français n'est en réalité que la transcription de la lettre « *b* ».

tel quel ; soit, il est légèrement adapté, c'est-à-dire *francisé*, et son passage est indécelable ; soit, parfois, il est simplement traduit[73]. Quoi qu'il en soit, la signification du mot (sens ou contenu) arabe, qu'il soit latinisé (ou hellénisé), latinisé/francisé, francisé ou inaltéré (la seule adaptation reste le vocabulaire, il est *vocabularisé*) reste la même. Le lien entre le signe entier (signifiant) et la réalité qu'il définit (signifié) demeure intact.

A l'inverse, un mot latin ou français qui est arabisé (pour ceux qui objectent, qui doutent ou pour les sceptiques invétérés) aura non seulement une signification aberrante, mais n'aura tout simplement aucun sens. L'expression adéquate est alors celle d'un **non-sens**[74].

[73] L'expression mathématique *racine* (symbole) d'un nombre a été purement et simplement traduit de l'arabe qui est : *Jâdroûn*, *Jâdra*, *Jîdr*. En effet, lorsque les ouvrages de mathématiques ont été copiés et traduits, les traducteurs judéo-chrétiens n'avaient d'autre choix que de traduire littéralement le mot. Il en est de même pour d'innombrables termes ou expressions scientifiques dans toutes les disciplines. Latinisation, hellénisation et francisation vont de paire ! Cf. N.E. BOUTAMMINA, « L'Islâm fondateur de la Science - La Renaissance et Les Lumières, les siècles de plagiat », Édit. Albouraq, 2006.

[74] Certaines expressions ou mots modernes étayent cette assertion. Le terme vulgarisé comme *téléphone* – de *télé*, loin ou distance et *phone* appelé – devient, une fois arabisé (surtout au Maghreb), *tiliphoune* – ou *tilifoune* – (langage populaire ou non). Ce mot ne veut strictement rien dire en arabe. De même, un autre exemple *automobile* qui, arabisé (dans le langage populaire), est *tomobile* (?). Un non-sens !

Phonétique utilisée dans cette étude

LETTRE ARABE TRANSCRITE EN LETTRE LATINE	VALEUR OU PRONONCIATION EN FRANÇAIS
â	ai
û	ou
î	ii (iy)
gh	r (*roulé* – ex. *g̲hayb :* monde de l'invisible)
kh	r (*laryngale* – ex. *Nak̲hla* : dattier)
th	th (*dentale* – le *the* anglais)
ç	ss

Quelques mots [75] français d'origine arabe et leur signification

N°	Mot français	Définition	Mot arabe	Signification
1	Abbé	Supérieur d'un monastère.	*Abba*	Père.
2	Abdomen	Région du corps humain située sous le diaphragme.	*Batnoun* *pl. 'Abtoûn*	Ventre. Sur ce mot est crée, par exemple, le terme abdominal.
			Badanoun *pl. 'Abdânoun*	Tronc. Corps.
3	Abricot	Fruit de l'abricotier, à chair jaune et à noyau lisse.	*Barqoûq* *Al-Barqoûq*	Abricot.
4	Accabler	Écraser, imposer une charge excessive. Confondre, prouver la culpabilité.	*`Iqâboun*	Peine. Châtiment. De *`Aqaba* suivre, et *`ouqbâ* : conséquence d'une mauvaise action. Résultat. Suite. Issue.
5	Addition	Ajout d'un élément à un autre élément ou à un ensemble. Opération arithmétique	*`Adda*	Placer auprès. Appliquer. Ajouter. Opération arithmétique. *Adda* latinisé en *addo* qui devient addition.
6	Affaire	Occupation, ce que l'on fait. Entreprise.	*`Afara*	Celui qui exécute avec succès son entreprise. De *`Ifrît :* nom de Jinn extrêmement redoutable. Puissant. Péjorativement : malin, rusé. Sur cette base ont été créés les mots affairiste, s'affairer…
7	Aïd	Fête musulmane commémorant le sacrifice d'Abraham.	*Al-`Aîd*	Réjouissance. Par exemple : *Al-`Aîd Al-Kabîr.*
8	Aider	Porter aide, assistance.	*'Adâ de Yadoun*	Main, d'où donner un coup de main.
9	Aide	Assistance, soutien.	*Yâdîyûn*	
10	Alambic	Appareil de distillation.	*Al-Inbîq*	Alambic.

[75] La liste est loin d'être exhaustive. Il serait intéressant qu'un travail approfondi soit réalisé par un spécialiste de la linguistique et de la sémantique maîtrisant parfaitement les langues arabe et française. Ceci est aussi valable pour les autres langues occidentales (allemand, italien, anglais…).

11	Albinos	Personne atteinte d'albinisme, anomalie congénitale due à un défaut de pigmentation de la peau et des poils donnant une couleur	*Abyâdoun*	Blanchâtre.
12	Alcade	Juge en Amérique du sud ou maire en Espagne.	*Al-Qâd (Al-Cadi)*	Le juge.
13	Alcali	Nom générique des bases produites sur les métaux alcalins par l'oxygène.	*Al-Qilîy*	Carbonate de sodium (soude).
14	Alcalin	Relatif aux alcalis.		
15	Alcaraza	Vase en terre conservant l'eau fraîche par évaporation lente.	*Al-Kourâz*	Gargoulette ou Gargouillette.
16	Alcazar	Palais maure.	*Al-Qaçr*	Le château.
17	Alcène	Nom générique des hydrocarbures acycliques à double liaison.	*Al-Sîn*	Produit de combustion du bois.
18	Alchimie	En Occident, science occulte censée assurer la transmutation des métaux.	*Al-Khîmiyâ'*	La *Chimie*. La subtilité (au sens des secrets de la nature).
19	Alcool	Éthanol, produit obtenu par distillation du vin ou de produits fermentés.	*Al-Kouhoûl*	Antimoine pulvérisé.
20	Alcôve	Renfoncement d'une pièce destiné à accueillir un lit.	*Al-Qoubbatoun*	Dôme. Partie concave d'un dôme.
21	Alem	Savant musulman.	*'Âlim*	Savant. Érudit.
22	Alépine	Étoffe à chaîne de soie et trame de laine.	*Halbîy*	Tissu originaire d'Alep.
23	Alezan	Qualifie un cheval à la robe jaune rougeâtre.	*(Al) Zahara*	Blond.
24	Alfa	Herbe d'Afrique du Nord de la famille des graminées.	*Halfâ'*	Alfa.
25	Algarade	Altercation, querelle.	*Al-Ghâra*	L'attaque.

26	Algèbre	Partie des mathématiques traitant des opérations et des équations. Discipline mathématique, l'Algèbre[76] fut inventée par M. Al-Khwârizmî.	*Al-Jabr*	Réunion de plusieurs parties en un seul corps. Action de ramener les parties au tout, les fractions à un nombre.
27	Algorithme	Branche des mathématiques. Processus logique permettant la résolution d'un problème en programmation	*Al-Khwârizmî*	Du nom de M. Al-Khwârizmî[77].
28	Algue	Végétal, habituellement aquatique, de l'embranchement des	*`Alaqoun*	Qui est fixé. Qui est accroché.
29	Alidade	Instrument permettant de tracer des axes verticaux, utilisé pour la lecture des cartes.	*Al-`Idâda*	La règle pour le traçage de lignes.
30	Alizari	Racine de la garance.	*Al-`Ousâra*	Liquide extrait de certains fruits ou légumes.
31	Allumer	Enflammer, éclairer. Éveiller, susciter.	*`Alama*	Rendre reconnaissable. Distinguer par un signe. Terme se référant à la notion de divulguer, rendre visible. De *`Alam* : signe.
32	Almanach	Calendrier pourvu d'observations complémentaires et de conseils pratiques.	*Al-Mounâkh*	Calendrier.
33	Almicantarat	Parallèle de hauteur en astronomie.	*Al-Mouqantarât*	En forme de pont.
34	Amalgame	Mélange de deux objets, idées ou individus hétérogènes. Alliage de mercure et d'un métal, ou d'argent et d'étain.	*Al-malghamoun*	Mélange. Mettre ensemble.

[76] M. AL-KHWÂRIZMÎ, (800-847), « Kitâb al-Jabr wa al-Mouqâbala ». L'œuvre traite des opérations et des équations. Cela *en raison de la réunion des termes connus et des termes inconnus dans une équation, c'est-à-dire un ensemble de deux groupes de termes équivalents.*

[77] *Ibid.*

35	Aman	Fait de laisser la vie sauve au vaincu chez les musulmans.	*'Amân*	En toute sécurité.
36	Amarrer	Fixer un navire avec des amarres.	*Amarra*	Ordonner. Établir fortement
37	Amarre	Câble utilisé pour amarrer, tenir en place, un navire.	*Al-Marr*	La corde.
38	Amiral	Fonction, dignité d'un amiral, chef des forces navales, d'une armée, d'une flotte ou d'une escadre.	*Amara*	quelque chose ou quelqu'un. Commandement.
39	Amen	Mot d'approbation.	*'Amîn, Imân de 'Amâna*	Foi religieuse.
40	Aniline	Amine dérivée du nitrobenzène, utilisée dans des colorants.	*'Anîlîn*	Substance bleue colorante extraite de l'indigotier (Indigo).
41	Antique	Qualité de ce qui est ancien.	*`Atiqoun de `Ataqa*	Ancien. De *`Ataqa* qui signifie être ancien. Latinisé en *antiqum, antiqus*. Les mots antiquité, antiquaire, proviennent de cette
42	Arabesque	Ornement sculpté basé sur la répétition de motifs entrelacés. Forme capricieuse.	*'Arabîy*	Art calligraphique.
43	Arack ou Arac	Eau-de-vie de céréales fermentées.	*'Arâk*	Arack.
44	Arbalète	Ancienne arme de jet, constituée d'un arc monté sur un fût. S'utilise pour un instrument en forme d'arc.	*Al-Boundouq*	Arbalète.
45	Arc	Partie d'une courbe. En architecture, courbe d'une voûte.	*Al-qaws pl. 'Aqwâs*	Arc (géométrie).
			Wirkûn `Arsh	Voûte, arc.
46	Arcade	Ouverture créée par un arc et ses deux piliers.	*Riwâqoun*	Arcade. *Riwâqoun* latinisé en *arquatum*.
47	Arche	Partie d'un pont sous la voûte entre deux piliers. Voûte en forme d'arc.	*`Arshûn `Arasha*	Arc, voûte. *`Arasha* : mettre au point une construction.
48	Arche	Vaisseau de Noé.		Bateau construit en bois.

49	Aride	Sans humidité, sec. Ne produisant rien, sans générosité, désagréable.	*Ardoun, Arida*	Terre, contrée
50	Arquebuse[78]	Ancienne arme à feu semblable à un fusil.	*Al-Qabas*	Le feu, la flamme d'où, par extension, l'arme à feu.
51	Arobe	Mesure de capacité des pays ibériques.	*Ar-Roub`*	Le quart. Mesure.
52	Arsenal	Lieu de construction et de réparation des navires.	*Aç-Çinâ`a*	Chantier de construction navale.
		Ancien atelier de fabrication d'armes et de matériel militaire.	*Dâr aç-Çinâ`a*	Maison du travail.
53	Artichaut	Plante potagère de la famille des composées.	*Khourshoûf*	Artichaut.
54	Assassin	Personne commettant un meurtre prémédité. Qui blesse, qui montre de la malveillance.	*Hâshishîn*	Consommateur de Haschisch (chanvre indien dont la feuille broyée fournit le haschisch). Au Moyen-Âge, une secte ismaélienne redoutable fomentait des meurtres politiques sous l'effet de cette drogue.
55	Assiette	Pièce de vaisselle creuse servant à placer les aliments pour une personne, son contenu. Base d'imposition, de taxation.	*Çâ`oun* *pl. 'Açwou`oun*	Sorte de tasse qui sert pour la mesure du grain, d'un liquide ou d'un solide. Expression latinisée en *cyatus*, *ciatus* : coupe munie d'une anse qui servait à puiser et à remplir les vases à boire.
56	Asseoir, assis	Établi. Installer sur un siège, fournir une base.	*Masjid*	*Masjid* dérive de *Sajada* qui signifie être à terre, se prosterner. Sajada latinisé en sedeo : être assis.

[78] Les musulmans inventent l'arme à feu (fusil, canon) et développent la poudre. L'arquebuse fut introduite en Espagne au Moyen-Âge. Les Espagnols sont les premiers européens à la connaître et à l'utiliser, notamment en Amérique où, quelques temps plus tard, ils ont exterminé les Amérindiens !

57	Assise	Installée sur un siège, établie. Base stable.	*Assassoun*	Fondement. Rangée de pierres de taille posées horizontalement. Sâsa : gouverner, administrer.
58	Astre	Corps céleste visible.	*Astour*	Corps céleste. Terme astronomique. Latinisé en *astrum, aster*. De ce mot dérivent les termes : *astéroïde, astronomie, astronaute,...*
	Astronomie	Science des corps célestes.	*Astournûmiya*	Science des astres.
59	Astrolabe	Instrument de navigation d'origine arabe, instrument servant à déterminer les heures par la position des astres.	*Astourlâb*	Astrolabe. De *Astour*.
60	Aubergine	Plante potagère, couleur violette de cette plante.	*Bâdinjân*	Aubergine.
61	Audience	Entretien avec un supérieur. Intérêt suscité dans la population. Séance d'interrogatoire durant les procès.	*'Adhânoun*	Appel public à la prière. De 'Adhana qui signifie prêter l'oreille, écouter. *'adhân* : oreilles. *'Adhânoun* latinisé en *auditionem* dérivé de *audire* signifiant entendre, écouter.
62	Auditoire	Ensemble des auditeurs, des personnes qui écoutent.		
63	Aval	Engagement d'une personne à payer un effet commercial, caution.	*Hawâla*	Procuration.
64	Avanie	Humiliation.	*'Ihâna*	Fait qui humilie, qui cause de la honte.
65	Avarie	Dommage sur un véhicule ou sa cargaison. Endommager un véhicule ou sa cargaison.	*`Awâr*	Imperfection. Défaut. Sur ce mot a été construit : avarier, avarice...
66	Azerole	Fruit de l'azerolier.	*Zou`oûr*	Azerole.
67	Azimut	Angle entre le plan vertical d'un astre et le plan méridien du lieu d'observation, ou entre le plan méridien géographique et le nord magnétique.	*Samata*	Poursuivre le chemin pris. Terme technique astronomique.
68	Azur	Bleu comme le ciel.	*Lâzaward*	Lazurite.
69	Babouche	Pantoufle de cuir, sans talon.	*Bâboûj*	Babouche.

70	Baccalauréat	Examen sanctionnant la fin des études secondaires et permettant l'accès à l'enseignement supérieur.	*Bi-l-Qarâîya*[79]	Littéralement : « *Etude avec assiduité* ».
71	Baccara	Jeu de cartes de casino.	*Bakara*	Poulie. Roue.
72	Bagage	Valise ou paquet emporté avec soi en voyage.	*Bouqja*	Paquetage vestimentaire.
73	Bagatelle	Chose de peu de valeur.	*Bâtil*	Sans valeur.
74	Bain	Fait de baigner, immersion dans l'eau. Préparation dans laquelle on trempe. Établissement de bains.	*Ballânoun* *pl. Ballânâtoûn*	Bains.
75	Baiser	Fait de donner un baiser, d'embrasser.	*Bâssa*	Embrasser.
76	Bakchich	Pourboire, pot-de-vin.	*Bakhshîsh*	Gratification.
77	Balader	Familièrement, promener.	*Bilad ou Balad*	Terrain, région, pays.
78	Balourd	Dépourvu de tact et de finesse. Homme maladroit	*Balid*	Stupide. Crétin.
79	Baobab	Arbre africain au tronc de fort diamètre, de la famille des bombacacées.	*Bâboun* *pl. Abwâboun*	Porte. Au sens d'ouverture permettant d'entrer ou de sortir d'un lieu fermé, ici l'Afrique noire.
80	Baraka	Chance.	*Barakatoun*	Fortune, sort favorable.
81	Baraquer	s'accroupir pour un chameau.	*Baraka*	S'accroupir pour les camélidés.
82	Barbacane	Petite ouverture pour l'éclairage d'une pièce ou l'évacuation des eaux usées.	*Barbakh*	Orifice pour l'écoulement de l'eau.

---

[79] L'étude de l'Islâm suit la logique de certains types de raisonnement déductif (syllogistique). C'est pourquoi, le cursus universitaire se voit d'être officialisé (c'est une innovation) par un titre *Bi-l-Qarâîya* (terme arabe signifiant « *étude avec assiduité* » transformé en *Baccalauréat* par les Judéo-chrétiens et qui est toujours en usage) diplôme de fin d'étude de l'actuel secondaire, pour entamer des études universitaires. Elles sont sanctionnées par l'acquisition et la maîtrise outre de la linguistique arabe, de l'exégèse coranique et la validation des connaissances de la Tradition.

83	Barbot	Fait de barboter, de jouer, de s'agiter dans l'eau.	*Barbatoun*	Jouer du barbot[80].
84	Barboter	Tremper et s'agiter dans l'eau. Jouer, patauger dans une petite quantité d'eau.		
85	Bardot Bardeau	Produit de l'accouplement d'un cheval et d'une ânesse.	*Birdâwn*	Tocard (cheval aux mauvaises performances).
86	Baroud	Combat.	*Bâroûd*	Détonation. Mélange explosif. Relatif à l'explosion.
87	Bâton	Morceau de bois long et rond.	*Tabtâbatoun*	Bruit de pas. Long morceau de bois qui sert à cogner (par exemple un tambour). De *Tabtaba* : frapper légèrement.
88	Bazar	Marché public du Moyen-Orient. Magasin vendant de tout.	*Bazar*	Épicerie.
89	Bedaine	Familièrement, ventre saillant.	*Badanoun* *pl. 'Abdânoun*	Corps. Tronc.
90	Bétail	Ensemble d'animaux d'élevage de ferme.	*Baqaroun*	Bovin. *Baqaroun* latinisé en *pecora*, puis en *pecuare*.
91	Bézef	Beaucoup.	*Bâzâf*	Pêle-mêle.
92	Blaser	Rendre sans intérêt et enlever toute passion.	*Balassoun*	Espèce de datte sèche, d'où dessèchement et perte de qualités.
93	Bled	Campagne en Afrique du Nord. Localité isolée.	*Baladoun* *pl. Bilâdoun*	Pays, ville, territoire.
94	Borax	Borate hydraté de sodium.	*Boûraq*	Borax. Borate (sel de l'acide borique).
95	Bordj	Enceinte fortifiée arabe.	*Bourj*	Forteresse.
96	Botanique	Étude des végétaux, des plantes. Relatif aux plantes, aux végétaux.	*Boustân* *pl. bassâtîn*	Jardin des plantes.
97	Bocal	Récipient rond à large ouverture, généralement en verre.	*Boûqâloun* *pl. Bouwâqiloûn*	Vase à boire.

[80] FARMER, « Historical facts for the Arabian Musical influence », Londres, 1930. *Barbot.* Instrument de musique analogue au luth.

98	Bourg	Village ou agglomération en milieu rural.	*Bouroûjoun*	Fort. Citadelle.
99	Bourgeois	Habitant du bourg. Par extension, relatif à la bourgeoisie. Membre de la bourgeoisie.		
100	Bourgeoisie	Ensemble des bourgeois, de la classe riche, détentrice des moyens de production.		
101	Bourrache	Plante de la famille des borraginacées, utilisée en tisane comme diurétique.	*Bourshoun*	Bourrache.
102	Briller	Réfléchir la lumière, être lumineux.	*Baraqa*	Briller. Luire, être brillant (astre...).
103	Brocart	Étoffe brodée avec de fil d'or ou d'argent.	*Barqasha*	Peindre de diverses couleurs.
104	Broche	Petit bijou s'épinglant sur un vêtement, un chapeau.	*Baraqa*	Briller, brillant.
105	Burnous	Manteau de laine long ayant une capuche, courant au Moyen-Âge pour les enfants, très commun dans les pays arabes.	*Bournous*	Burnous.
106	Cabas	Sac à provisions en paille tressée ou en toile.	*Qabâ*	Enlever, cueillir quelque chose avec la main. Prendre, contenir.
107	Câble	Cordage fait de filaments ou fils métalliques tressés ou mis sous gaine.	*Habl* *Kabl*	Cordage. De *Kabl* sont crées les termes comme : câbler, câbleur, câblage ...
108	Caboche	Tête.	*Qabiça*	Coiffe. *Qabiça* a donné en portugais *cachola* puis *cachalotte*.
109	Cachalot	Cétacé de grande taille, des mers tropicales.		*Cachalotte* a formé le mot *cachalot*.
110	Cachemire	Tissu constitué de poils de chèvre du Cachemire, vêtement de ce tissu.	*Kashmîr*	Cachemire. Pays où est fabriqué le Tissu.
111	Cafard	Insecte, également nommé « blatte »	*Kâfir*	Incrédule. Anciennement, en français, ce mot signifie faux dévot.

<table>
<tr><td>112</td><td>Café</td><td>Graine du caféier, contenant un alcaloïde, la caféine. Boisson fabriquée par infusion des graines de café torréfié. Lieu où l'on sert du café et, plus généralement, des boissons.</td><td>Qahwa</td><td>Café.</td></tr>
<tr><td>113</td><td>Caftan</td><td>Robe longue décorée, des pays musulmans.</td><td>Qouftân</td><td>Vêtement. Par extension tissu utilisé pour sa confection.</td></tr>
<tr><td>114</td><td>Cahier</td><td>Assemblage de feuilles de papier destiné à l'écriture, au dessin, etc.</td><td>Kourrâssoun
pl. Karârîs</td><td>Cahier. Livraison (d'un ouvrage, d'un crit). Kourrâs latinisé en quadr, qudras, quadrans : papier plié en quatre ; francisé en cahier[81].</td></tr>
<tr><td>115</td><td>Caïd</td><td>Chef militaire et administratif arabe. Par extension, chef de bande.</td><td>Qâ'id</td><td>Chef. Dirigeant.</td></tr>
<tr><td>116</td><td>Calame</td><td>Roseau taillé servant pour écrire.</td><td>Qalam
pl. Qilâmoun</td><td>Plume pour écrire.</td></tr>
<tr><td>117</td><td>Calebasse</td><td>Fruit du calebassier qui, une fois vidé et séché, sert de récipient ou d'instrument de percussion.</td><td>Jirâb</td><td>Calebasse.</td></tr>
<tr><td>118</td><td>Calfeutrer</td><td>Boucher les fentes, les aérations d'une pièce, afin d'éviter que l'air froid ne rentre.</td><td rowspan="2">Qalfata</td><td rowspan="2">Être sec, sécher. Latinisé en caleficere puis francisé en calfeutrer.</td></tr>
<tr><td>119</td><td>Calfater</td><td>Rendre étanche un bateau en étoupant les joints et en les recouvrant de brai, de mastic ou de goudron.</td></tr>
<tr><td>120</td><td>Calibre</td><td>Diamètre d'un objet sphérique, diamètre d'un canon. Instrument de contrôle des dimensions de pièces métalliques.</td><td>Qâlib</td><td>Modèle Calibre. Forme.</td></tr>
</table>

[81] Le *papier* qui compose le *cahier* (ou le livre) a été introduit par les Arabes au Moyen-Âge.

121	Calife	Chef de la communauté islamique.	*Khalifatoun*	Vicaire, lieutenance. De ce mot provient *Khalifa, Khalife* (*Calife*).
122	Camaïeu	Peinture d'une seule couleur, jouant sur tous les tons réalisables avec cette couleur seule.	*Khamâîl*	Velours. Étoffe.
123	Caméra	De camara (passage de l'arabe à l'italien[82]) chambre, boîte. Appareil permettant de filmer, d'effectuer des prises de vues.	*Qamaroun* *pl. Aqmâroun*	Lune, voûte.
			Qamaratoun	Chambre voûtée.
124	Camisole	Vêtement. Veste de lingerie féminine. Maillot de corps. Chemise. Camisole de force : vêtement utilisé pour immobiliser des personnes agitées.	*Qamîçoun*	Tunique.
125	Campagne	Paysage rural, région de champs et de forêts, par opposition à la ville.	*Jabbânatoun* *Jabbanoun*	Vaste plaine. Cimetière. Latinisé *campanea, campanea* qui signifie *jardin.*
			Qabana	Voyager dans différents pays. S'en aller et s'enfoncer dans l'intérieur des terres.
126	Camphre	Substance aromatique provenant du camphrier.	*Qafrûn* *Qifarûn*	Desséché. Qui dessèche, qui consume. Par allusion à l'état d'utilisation de cette plante.
127	Canal	Voie d'eau creusée par l'homme pour la navigation ou l'irrigation.	*Qanâtoun*	Canal.

[82] O. IBN AL-HAYTHAM (965-1039), « Kitâb al-Manâzir », fondateur de l'optique, il utilise ce terme (probablement en l'inventant) pour décrire ses expériences sur la lumière (lois de la réflexion, de la réfraction, spectre de la lumière…). L. DE VINCI (1452-1519) reprend ce terme en baptisant l'un des nombreux appareils d'O. IBN AL-HAYTHAM qu'il copie. De plus, il a été un passionné des ouvrages d'O. IBN AL-HAYTHAM même si la plupart du temps, il ne les comprenait pas. Cf. N.E. BOUTAMMINA, « L'Islâm fondateur de la Science - La Renaissance et Les Lumières, les siècles de plagiat », Édit. Albouraq, 2006.

128	Candi	Qualifie un sucre cristallisé et purifié.	*Qand*	Substance sucrée produite par la canne à sucre.
129	Canne	Nom générique des roseaux et bambous. Morceau de bois recourbé utilisé pour soutenir le corps, fournir un point d'appui.	*Qanâtoun*	Roseau, bâton, canal.
130	Canette	Cylindre autour duquel est placé le fil dans la navette des machines à tisser, ou le fil d'une machine à coudre.		
131	Canon	Règle, loi d'une doctrine religieuse. Ensemble des règles d'un art, d'une technique artistique.	*Kânoûn*	Loi, règle.
132	Carabé	Résine fossile jaune ou orangée.	*Kahrabâ'*	Ambre jaune.
133	Carafe	Récipient à goulot large, pour l'eau, le vin, les boissons en général.	*Gharrâfa*	Carafe.
134	Caraque	Navire au château très haut, utilisé au Moyen-Âge.	*Karrâka*	Navire militaire.
135	Carat	Quantité d'or dans un alliage en vingt-quatrièmes de proportion (donc or pur = or à 24 carats). Unité de mesure de poids pour les diamantaires (un carat = 0,2 gramme).	*Qirât*	Mesure. Quantification du poids.
136	Caravane	Ensemble de commerçants traversant le désert avec des dromadaires portant des marchandises. Ensemble de personnes allant dans la même direction. Roulotte de camping pouvant être tractée par un véhicule.	*Qayrawân*	Caravane. Convoi.
137	Carmin	De la couleur d'un colorant extrait de la femelle de la cochenille. Colorant rouge foncé violacé, extrait de la femelle de la cochenille.	*Qirmiz*	Couleur rouge foncé. Vermillon.

138	Caroubier	Arbre méditerranéen, de la famille des césalpiniacées.	*Kharoûb*	Caroubier. Caroube.
139	Carthame	Plante de la famille des composées dont l'huile tirée des graines est utilisée en teinturerie.	*Qourtoum*	Carthame. Sorte de safran.
140	Cape	Manteau ample sans manches.	*Qabâ'oun* *pl. Aqbiyatoun*	Sorte de pièce d'étoffe, de couverture de laine.
141	Carpette	Petit tapis de sol.	*Zourbiyoun* *pl. Zarâbîyoun*	Riches tapis. De *Zarbîyâtûn* : détirer la laine.
142	Câpre	Bouton de câprier confit dans le vinaigre, utilisé comme condiment.	*Kabaroun*	Câpre. *Kabaroun* hellénisé en *capparis* puis francisé en *câpre.*
143	Carde	Tête du chardon autrefois utilisée pour carder. Peigne muni de pointes d'acier pour démêler des fibres textiles.	*Qardassatoun*	Dureté. Âpreté. Rudesse.
144	Carder	Démêler des fibres textiles avec une carde, manuelle ou mécanique.	*Qardasha* *Qardoush*	Carder. *Qardoush* latinisé en *carddus.*
145	Carte	Feuille de carton, de bristol. Représentation plane de la géographie d'un lieu, d'une région. Petite feuille de carton illustrée d'une figure, composant un jeu de cartes.	*Kharîta*	Carte de géographie, carte à jouer, billet, papier. De Qirtâs, pl. Qaratis : parchemin, papyrus.
146	Carvi	Plante dont le fruit est utilisé comme condiment, de la famille des ombellifères. Fruit de cette plante.	*Kourawiyoun*	Noyau. Amande. Noix. Sphérique, rond
147	Casbah	Palais de sultan ou de chef au Maghreb, quartier entourant ce palais. Pop. : maison.	*Qaçbatoun*	Place forte d'une ville. *Qaçbatoun* latinisé devient *conseptare* : enclore.

148	Cassis	Arbre fruitier, de la famille des saxifragacées (=cassissier). Fruit de cet arbre, baie noire comestible. Rigole traversant un chemin, une route, pour l'écoulement des eaux.	*Qaç`atoun*	Grande écuelle.
149	Cataracte	1. chute d'eau très importante 2. opacité progressive du cristallin provoquant la cécité ou une vision affaiblie	*Qatara*	S'écouler. (Écoulement)
150	Centre	Milieu, point à égal distance du pourtour d'un cercle ou d'une sphère. Milieu géographique approximatif.	*Qoutroun* *pl. 'Aqtâroun*	Plage. Région. Diamètre passant par le milieu (géométrie).
151	Cercueil	Boîte de bois dans laquelle on place le corps d'un mort.	*'Arîkoun* *de 'Arîkatoun* *'Arâ'ikoun*	Lit. Meuble sur lequel on s'allonge pour se reposer ou pour dormir.
				Brancard où est déposé le défunt.
152	Cerise	Fruit rouge comestible du cerisier.	*Karaza*	Cerise.
153	Cesser	Arrêter, interrompre, prendre fin.	*Qâsha*	Être éloigné. Être situé à une grande distance. Rester en arrière par rapport à ce qu'on devait faire. Qâsha latinisé en cessi : se retirer, s'en aller d'un lieu ; puis cessare : être ou rester en arrière, tarder.
154	Chaleur	Température élevée, de l'air ou d'un corps.	*Shahwa* *V.Sha`ala*	Soif ardente. Sha`ala (s'enflammer) latinisé en calea, caleo. Sous cette forme toutes les expressions avec le suffixe calo ont été crées (calorifique, calor...).
155	Chambre	Pièce d'habitation où l'on dort, où l'on se repose.	*Qabroun* *pl. Qouboûr*	Tombeau.

156	Chameau	Mammifère ruminant asiatique, de la famille des camélidés.	*Jamal*	Chameau. De ce mot est extrait le mot chamelier.
157	Chant	Fait de chanter, de produire des sons mélodiques.	*Ghinâ'*	Chant, rendre un son. *Ghanna* : chanter. Latinisé en *canere* : chanter avec la voix.
158	Charpie	Produit résultant de l'effilage de tissus qui servait autrefois à faire des pansements.	*Zarâbiyyou*	Riches tapis. De *Zarbîyâtûn* : détirer la laine.
159	Charte Chartre	Règle fondamentale. Ensemble des lois d'un pays. Titre affirmant les droits d'une personne.	*Shartoun* *pl. Shouroût*	Condition. Clause. Convention. Ensemble de préceptes.
160	Chape	Vêtement liturgique, proche de la cape.	*Qabâ'oun*	Robe.
161	Charme	Anciennement, chose ou action exerçant de la magie.	*Ghourmoun*	Dette. Engagement. Le fait de devoir accomplir. *Ghûrûmûn, Ghirmûn* désigne un bruit, un son au sens premier d'enchantement (de mettre sous l'effet d'un pouvoir magique).
162	Chat	Mammifère carnivore, de la famille des félidés, ayant de nombreuses espèces domestiques et quelques sauvages.	*Qittoun* *pl. Qittatoun*	Chat mâle. *Qittoun* latinisé en *cattus, catta, catus*. En anglais : *cat* ; en allemand : *katze* ; en français : *chat*.
163	Chaudron	Récipient profond servant à la cuisson des aliments.	*Qidroun* *pl. Qoudroun*	Marmite en cuivre, chaudron.
164	Chebec	Trois-mâts méditerranéen.	*Shabaka*	Filet (au sens de réseau de mailles).
165	Chemin	Voie permettant de se déplacer d'un point à un autre, n'ayant habituellement pas de revêtement. Par extension, direction vers laquelle aller, trajet à effectuer pour lier deux points géographiques.	*Sounna* *Samtoun* *de Samata*	Chemin, route, sentier. *Samata* : poursuivre le chemin pris. *Samtoun*, pl. *Soumoûtoun* : chemin, route, direction. Latinisé en *semita* : petit chemin étroit, ruelle.

166	Cheminée	Conduit d'évacuation des fumées débouchant sur le toit, conduit d'aération.	*Qamînoun*	Four à chauffer les bains. *Qamînoun* latinisé en *caminata* et héllénisé en *kaminos* signifiant cheminée.
167	Chemise	Vêtement protégeant le buste et, éventuellement, les bras, ayant un boutonnage par-devant.	*Iqmijja* *Qimâshoun*	Tunique. Étoffe, en général de fil ou de coton. *Iqmijja* latinisé en *camisia* et francisé en chemise.
168	Chercher	Essayer de découvrir, de retrouver un objet, une personne, une idée, etc. Essayer de se procurer, avoir pour but.	*Sharîkoun*	Associé. Être associé de quelqu'un, dans un achat. *Sharik* en vieux français est *cerchier*, *cercher* de *circare* qui a donné à la fin du Moyen-Âge : chercher.
169	Chicane	Contestation dans une procédure judiciaire, argutie.	*Shakâ*	Déposer une plainte. Se plaindre au niveau judiciaire. Par extension une plainte. Chicaner est issu de ce mot.
170	Chiffre[83]	Caractère représentant un nombre de 0 à 9.	*Çifroun*	De *çafira* qui signifie être vide d'où çafiroun : vide, et donc çifr zéro d'où le nombre 0.
171	Chimie	Science relative à la constitution des corps physiques élémentaires et aux combinaisons de ces corps, au niveau atomique et moléculaire.	*Kimiyâ'*	La subtilité (au sens des secrets de la nature). La *Chimie*[84].

[83] L'Humanité doit l'invention des chiffres (1, 2, 3, 4, 5, 6, 7, 8, 9, 0) à l'illustre A. H. AL-QALSADI (m. 891).
Cf. N.E. BOUTAMMINA, « Les Fondateurs des mathématiques », Édit. Albouraq, 2006.

[84] La Chimie a été inventée par le célèbre JÂBIR IBN-HAYYAN (721-815) qui a notamment travaillé sur la *chimie minérale*. Son illustre homologue AR-RAZI (864-925), quant à lui, a développé la *chimie organique*. Etant le père fondateur de la clinique médicale, la chimie organique lui a permis d'élaborer toutes sortes de médicaments et notamment des antibiotiques.

172	Chômer	Cesser une activité. Ne pas travailler, que l'on soit sans travail ou qu'il s'agisse d'un jour chômé, sans travail.	*Çawm*	Jeûne. Se priver de nourriture. Être immobile. Terme latinisé en *sauma* (*çauma*), puis sous la forme romane et française chômer qui signifie cesser, s'arrêter. En allemand, *saümen* :
173	Chouia	Familièrement, mot arabe signifiant « un peu »	*Shouya*	Un peu.
174	Cierge	Bougie de suif ou de matière inflammable entourant une mèche.	*Shirqoun*	Lampe, soleil.
175	Cime	Haut d'une montagne, d'un arbre.	*Samâ'*	Ciel. Hauteur élevée.
176	Cirage	Fait de cirer, d'enduire de cire ou de cirage. Produit composé permettant de cirer des objets en cuir (chaussure...), de les entretenir et de les faire briller.		
177	Cire	Substance élaborée par les abeilles. Préparation fabriquée à partir de cette substance animale, ou de substances analogues. En mélange avec des solvants, préparation servant à l'entretien des parquets, des meubles et qui les fait briller.	*Sirâjoun*	Lampe à huile. *Sirâjoun* latinisé en *ceragium* prenant le sens de luminaire.
178	Cirer	Enduire de cire, de cirage.		
179	Ciste	Arbrisseau méditerranéen, de la famille des cistacées, fournissant le labdanum.	*Qastoûs*	Plante aromatique. De *Qûst* : plante.
180	Cithare	Instrument de musique dont les cordes parallèles sont grattées ou frappes.	*Qaïshâra*	Cithare.
181	Clamer	Crier, exprimer au moyen de clameurs, vigoureusement.	*Kalâmoun* *Kalimât* *de Kalama*	*Kalama.* Proférer des mots, des paroles latinisé en clama, *clamare* : crier, appeler en criant. *Acclamer, clameur, acclamation...* sont issus de ce terme.

182	Clé		*'Iqlîdoun*	Clé. Par extension, il désigne une boucle métallique.
183	Climat	État de l'atmosphère dans un lieu donné, température, phénomènes atmosphériques,	*'Iqlîmoun* *pl. 'Aqâlimoun*	Inclinaison de la terre vers le pôle.
184	Club	Association privée culturelle, sportive ou amicale.	*Jalaba*	Réunir, rassembler, attirer. *Jalaba* latinisé en *globus* : groupe d'hommes. Terme anglicisé en *club*.
185	Cohober	Distiller plusieurs fois une liqueur pour la pharmacie.	*Kouhbât*	Modifier un aspect, une tonalité (par exemple une couleur).
186	Cohorte	Groupe militaire. Troupe d'individus.	*Shourtatoun* *pl. Shouratoun*	Troupe. Garde. Police. Latinisé en *cohors* de con et *chortis* : troupe d'hommes.
187	Coiffe	Coiffure féminine en tissu ou dentelle, autrefois différente pour chaque région.	*Kouffiya* *Kâffiya*	Couvre-tête.
188	Colle	Substance permettant de réunir deux éléments par adhérence, de les coller. Par extension toute substance collante.	*Kûllûn*	Lier ensemble.
189	Collection	Réunion d'objets ayant une ou plusieurs caractéristiques communes.	*Koulliyatoun*	Totalité. Action de rassembler. Réunion, rassemblement.
190	Collecte	Rassemblement, réunion (de produits ou d'argent).		
191	Collecter	Effectuer une collecte,		
192	Coller	Fixer ensemble, faire adhérer, avec de la colle.	*Lahaka*	Lier ensemble.
193	Commun	Qui est le bien de plusieurs, auquel participent plusieurs personnes. Fait à plusieurs. Habituel, se rencontrant de façon courante, ordinaire.	*'Ammoun*	Général. Universel.

194	Constat	Acte par lequel un officier de police ou un officier administratif effectue un enregistrement des faits matériels.	*Qistoun* de *Qassata*	Justice. Équité. Terme latinisé en *constare* : rester ferme, inébranlable.
195	Constater	Observer la réalité d'un fait. Consigner cette observation par écrit.		
196	Contrée	Surface de terrain, étendue de pays, région.	*Qoutroûn* *pl. Aqtâroun*	Côté, flanc, plage, région. *Qoutroûn* latinisé en contrat devenant en français *contrée.*
197	Contraire	S'opposant ou opposé à.		
198	Contrarié	S'opposer à, aller dans le sens contraire.		
199	Cor	Instrument à vent constitué d'un tube enroulé se terminant par un pavillon évasé.	*Qarn* *Çoûr*	Cor.
200	Corne	Saillie pointue poussant sur le crâne de nombreux ruminants et sur le museau du rhinocéros.	*Qarn*	Corne.
201	Corbeille	Panier de taille modeste, contenu de ce panier.	*Qourbânoun*	Sacrifice. Offrande. Par extension son contenu.
202	Cosinus	Fonction trigonométrique égale au sinus du complément de	*Qoussawiyoun*	Arc (géométrie).
		l'angle et au rapport du côté adjacent sur l'hypoténuse pour	*Qaws*	Voûte. *Qaws an-Niçf* : la moitié, la part, le morceau de la voûte.
		l'angle aigu d'un triangle rectangle.	*'Aqwâs*	Arc de cercle.
203	Coton	Fibre textile végétale enveloppant les graines du cotonnier. Fil ou tissu fabriqué avec cette fibre.	*Kittân*	Fibres de coton.
204	Couffin	Panier, cabas de paille tressée. Panier à anses utilisé comme berceau.	*Qouffa*	Panier.

205	Coupe	Verre à boire de forme évasée.	*Qoubbatoun*	Voûte. Relatif à la voûte que forme le verre. Latinisé en *cuba* qui devient *cupa, cupula* : petit dôme.
206	Couper	Trancher avec un instrument, séparer en plusieurs parties.	*Qabba* *Sakka* *de Sek*	Couper, abattre. Autre appellation *Sakka* latinisé en *secare* : couper.
207	Coupole	Voûte demi-sphérique.	*Qoubbat*	Voûte. Latinisé en *cuba* qui devient *cupa, cupula* : petit dôme. Francisé, il devient *coupole.*
208	Courber	Donner une forme courbe, incurvée, à un objet.	*Qoubbatoun*	Voûte.
		Pencher une partie du corps	*Qariba* *Karaba*	Être près, se trouver tout près de quelqu'un.
209	Courge	Plante de la famille des cucurbitacées, à fruits comestibles.	*Qar`atoun*	Courge.
210	Coût	Prix que vaut une chose.	*Qassata*	Être juste et équitable. Donner le poids et la mesure juste. *Qasata* latinisé *custus, costus* : être fixé, déterminé. Coûter provient de ce mot.
211	Crabe	Crustacé à dix pattes dont une paire de pinces comporte plus de deux mille espèces.	*`Aqrab*	Scorpion.
212	Cravache	Badine souple utilisée par le cavalier pour cingler son cheval.	*Kourbâj*	Badine. Cravache.
213	Cribler	Trier avec un crible, instrument percé de nombreux trous. Percer de trous.	*Gharbala*	Tamiser, séparer, trier.
214	Criblage	Fait de cribler, de trier par taille des minerais, des aliments.		
215	Cube	Parallélépipède rectangle, volume à six faces carrées orthogonales.	*Ka`ba* *ou Kaaba*	Nom de l'édifice à la Mecque.

216	Cubèbe	Plante grimpante de la famille des pipéracées.	*Kabâba*	Cubèbe.
217	Crime	Infraction qui est du ressort des cours d'assises.	*Jarama*	Commettre un délit.
			Jarâmoun *pl. 'Ajrâmoun*	Crime, délit, péché.
218	Cumin	Plante de la famille des ombellifères, dont la graine sert de condiment. Graine de cette plaine.	*Kammoûn*	Cumin.
219	Curcuma	Plante indienne de la famille des zingibéracées, appelée safran des Indes, dont la racine entre dans la fabrication du cumin.	*Kourkoum*	Curcuma.
220	Cuscute	Plante parasite grimpante à tige volubile, de la famille des cuscutacées.	*Kashoûtha*	Cuscute.
221	Damasquinage	Fait de damasquiner, d'incruster des filets décoratifs de matières précieuses sur une surface métallique.	*Dimaqs* *dimashqî*	Damas. Lieu où est originaire le damasquinage.
222	Degré	Échelon, grade. Division d'une échelle de mesure. Unité de mesure d'angle. Unité de mesure de température. Etat intermédiaire d'un état à un autre. Marche d'escalier.	*Daraja*	Degré. Échelon. Marche d'un escalier, d'une échelle. Par extension, il indique une échelle de valeur.
223	Demeure	Domicile, lieu de résidence. A demeure : de façon permanente.	*Ta'moûroun*	Terme d'architecture. Couvent (de moines). Tour, tourelle, repaire. *Ta'moûroun* en bas latin : *dimora*, *Demorare, demorari* qui signifie séjourner, rester à un endroit, s'arrêter.
224	Demeurer	Résider, habiter dans un lieu. Être à un endroit précis.		
225	Despote	Souverain ayant un pouvoir absolu. Par extension, personne usant d'une autorité sans partage.	*Batsh* *de Batîshoun*	Fort, vigoureux, violent.
226	Diarrhée	Évacuation répétée de selles liquides, généralement d'origine infectieuse.	*Qatara*	S'écouler goutte à goutte. *Qatara* latinisé en *diarrhoea, diarrhoia* : écoulement.

227	Diriger	Orienter, placer dans la direction, vers.	*'Araja*	Monter. S'élever. *'Araja* latinisé en *arrigere* qui signifie élever, dresser ; de *regere* : diriger en ligne droite. Sur ce mot sont bâtis les termes : *direction, directoire, directeur...*
228	Divan	Banquette sans bras ni dossiers, permettant de s'asseoir ou de s'allonger	*Dîwân*	Coordonner, réunir en un seul corps. Registre. Par extension *Diwan* désigne un « *Conseil des Ministres* ».
229	Dôme	Toit en forme de demi-sphère ou à pans qui surmonte de nombreux édifices.	*Damsûn* *Damûsûn*	Construction en forme de demi-sphère creuse surmontant un grand édifice.
230	Douane	Service de l'État chargé de percevoir les droits sur les marchandises importées ou exportées.	*Doukkân*	Banc en pierre, plate forme, estrade. Etal, éventaire, marchand
231	Dauphin	Mammifère marin vivant en groupe, de la famille des cétacés.	*Doulfin*	Dauphin.
232	Dengue	Affection virale des régions équatoriales et tropicales transmise par un moustique, provoquant une forte fièvre.	*Dank*	Embarras. Malaise.
233	Dune	Colline de sable résultant de l'action du vent dans les déserts et sur les côtes.	*Tîn*	Argile. Boue. Dépôt. Rivage sablonneux.
234	Échec	Insuccès, revers. Au jeu d'échecs, situation où la case du roi est sous l'attaque directe d'une pièce adverse.	*Shaykh mât*	Le « *chef (souverain) est mort* ». Relatif au jeu d'échec.
235	Eden	Un des noms du Paradis. Lieu de plaisir et de délices.	*Adnoun* *de Adana*	Être à demeure fixe dans un lieu.

236	Éléphant	Mammifère ongulé (famille des proboscidiens) vivant en Asie et en Afrique. Herbivore, il a une peau très épaisse, de grandes oreilles, un nez en trompe et une paire de défenses dont on tire l'ivoire ; c'est le plus gros animal terrestre (6 tonnes).	*Al-Fîl* *Fîloun*	Éléphant. Latinisé en *elephas, elephans.* De l'article *el* qui devient *illé* d'où *illéphans* ; mot passé en vieux français : *olifant* ; puis *éléphant.*
237	Élixir	Substance-mère que l'on tirait de certains corps (quintessence). Préparation médicinale composée de sirop, d'alcool et de substances aromatiques.	*Al-'Iksîr*	Terre ferme, non humide.
238	Endurer	Supporter patiemment ce qui est dur, pénible.	*Mandhoûr*	Consacré à Dieu. De *Nidhroun* : vœu. *Nidhroun* latinisé en *endura* : vœu, abstinence avant d'atteindre tel ou tel objectif. Sur ce mot est construit, par exemple, endurance.
239	Enfler	Gonflé d'air (le vent enfle les voiles). Augmenter de volume.	*Nafakha*	Être gonflé (rempli d'air). Enflé.
240	Enflure	Gonflement, augmentation anormale de volume (l'enflure provoquée par une entorse).	*Nafkhoun*	Enflure.
241	Enluminer	Orner d'enluminures. Donner de vives couleurs.	*Alwânoun Lawn*	Couleur. Teint.
242	Enluminure	Art d'enluminer. Lettre peinte, lettrine ou miniature illustrant les manuscrits, les livres	*Alwânoun Lawn*	Couleur. Teint.
243	Émir	À l'origine, titre honorifique des califes, qui désigna par la suite ceux qui succédèrent à Muhammad. Gouverneur, prince dans les pays musulmans.	*'Amîr*	Gouverneur. Prince.
244	Enquête	Recherche méthodique reposant sur des rapports, des témoignages, des expériences.	*Nâqada*	Recherche.

245	Enseigne	Marque, preuve, indice. Marque distinctive (commerciale....).	*Çanamoun* *pl. 'Açnâmoun*	Idole. Figure. Représentation d'une divinité qui fait l'objet d'un culte d'adoration. Terme latinisé en *sigmun* : indication apparente, qui sert à signaler, à distinguer, à identifier marque
246	Épi	Partie terminale de la tige de certaines graminées où les graines se réunissent (un épi de blé, des blés en épi).	*Sounbouloun* *pl. Sanâbiloun*	Épi. La forme simple est *Sa'boulatoun* latinisé en *spiculum* de *spica* - extrémité, pointe, bout de la tige de blé- qui provient lui-même de l'arabe *Shawk* qui signifie, pointe, épine. *Spiculum* : fer barbelé d'une flèche ou d'une lance d'où javelot, épieu. Ainsi, de ce dernier provient *espicu* qui donne *espiyo*, qui en vieux français aboutit à *espi*, puis à *épi*.
247	Épicerie	Commerce de l'épicerie, magasin de l'épicier. Commerce des épices, le magasin du marchand d'épices. Ensemble des aliments de consommation courant qui se conservent.	*'Abâzîr*	Épices.
248	Épinard	Plante herbacée potagère de la famille des chénopodiacées, dont on consomme les feuilles.	*'Isfânâkh*	Épinard.
249	Erg	Vaste région couverte de dune. Unité de mesure de travail, d'énergie et de quantité de chaleur.	*'Irq*	Artère. Veine. Ligne en relief. Nervure.
250	Ériger	Dresser, élever, construire.	*'Araja*	Monter, s'élever. *'Araja* latinisé devient *adrigere, arrigere, regere* : élever, dresser.
251	Érection	Fait d'ériger, d'élever (l'érection d'un monument).		

252	Errer	Aller ça et là, à l'aventure (errer dans des territoires inconnus).	*'Hîr* *'Hîra*	Errer. S'égarer.
253	Errements	Fait d'aller au hasard, de divaguer, en parlant d'une pensée notamment.		
254	Errance	Action d'errer çà et là.		
255	Esquif	Petite embarcation légère.	*Shaqfatoun* *pl.Shaqafoun*	Tesson, pots cassés, poterie en terre. Par extension, une épave.
256	Estrade	Route pavée, plancher surélevé de plusieurs marches. Expression : battre l'estrade : courir par les chemins.	*Shar`oun* *Shir`atoun* *Shirâ`oun*	Loi divine (au sens de chemin à prendre). *Shir`atoun* signifie chemin par où les bestiaux sont dirigés à l'abreuvoir : passage de bestiaux allant boire, d'où chemin à suivre.
257	Estragon	Plante aromatique (une variété d'armoise) de la famille des composés, utilisée comme condiment (vinaigre à l'estragon).	*Tarkhoûn*	Estragon.
258	Étable	Lieux où sont logés les bestiaux (chevaux, et notamment les bovidés).	*'Içtabloun* *pl. Içtablatoun*	Écurie.
259	Étouffer	Mourir par asphyxie.	*Tawaffâ*	Mourir (par anoxie).
260	Étoffe	Appellation générique des tissus ayant une cohésion et destinés à l'habillement ou à la décoration.	*Çoûfoun*	Fibre végétale ou laine. Terme latinisé en *stupa*, *sufa* qui passe en vieux français sous la forme *eteuf*, puis *étoffe*.
261	Extrême	Intense. Qui est sans limites, excessif.	*'Akhiroun* *fém. 'Akhiratoun*	Dernier, suprême, plus haut, plus profond.
262	Fabulation	Représentation de faits imaginaires comme réels.	*Fa'loun*	Augure, présage.
263	Fabuler	Élaborer des fabulations, présenter des faits imaginaires comme s'ils étaient réels.	*Fa'ala*	Dire la bonne aventure à l'aide de quelque chose.
264	Fakir	Ascète qui reproduit des tours spectaculaires pour gagner sa subsistance.	*Faqîr*	Pauvre. Indigent qui exerce des talents artistiques pour gagner sa vie.

265	Fanfaron	Qui vante avec exagération ses qualités.	*Fourâfir*	Inconstant..
266	Fantasia	Exercice équestre de cavaliers arabes.	*Fantazîya*	Étalage. Chevauchée.
267	Fardeau	Charge difficilement transportable. Au sens figuré, chose pénible à supporter.	*Fard*	Obligation. Prend ici le sens de poids moral, spirituel. Dans la pratique de l'Islâm, par exemple, la *Çalât* (« prière ») est appelé un devoir *Fard.*
268	Farouche	Qui n'est pas sociable. Violent et peu civilisé (se dit d'une réaction).	*'Ifroun*	Dépasser la limite. Redoutable. *'Afara* latinisé en *exferatum* ou *ec feratum* qui donne *ecferu* : sortir dehors, bouillonner ; puis *efferare* ou *ecferare* : rendre farouche, effarouché.
269	Feindre	Simuler un sentiment, une qualité... que l'on ne possède pas. Simuler, prendre une apparence fausse pour tromper.	*Fanida*	Mentir. Dire un mensonge. Tromper.
270	Fennec	Petit mammifère carnivore de la famille des canidés souvent appelé renard du désert.	*Fanak*	Fennec.
271	Fente	Ouverture étroite et longue. Action de fendre.	*Fatroun* *pl.Foutoûroun*	Fissure.
272	Fendre	Couper dans le sens de la longueur. Provoquer des fentes.	*Fatara*	Briser, fendre. *Fashâra* latinisé en fissura, *fidtura* de *findere* d'où *fendre*
273	Feindre	Simuler un sentiment, une qualité... que l'on ne possède pas.	*Fakhara*	S'enorgueillir.
274	Fibre	Filament des espèces végétales. Filament de matière apte à être tissé ou filé. Filament de différents matériaux ; ce qui est fabriqué avec.	*Wabar*	Toute sorte de poils (chèvre, chameau...) utilisés pour tisser une toile de tente.

275	Fier	Qui est orgueilleux, hautain.	*Fakhara*	S'enorgueillir. Se vanter. *Fakhoûr* : vantard, glorieux.
276	Fierté	Sentiment élevé de sa propre valeur, prétention.		
277	Figurer	S'imaginer. Représenter par un support (dessin, image…).	*Fajara*	Concevoir. Représenter. De *Fajara* latinisé en *figurare* : imaginer, qui a donné *fingo-ere* : concevoir, figurer.
278	Figure	Représentation d'un espace, d'une forme… (mathématique, plastique…).		
279	Filer	Tordre ensemble des fibres textiles pour obtenir un fil.	*Fatala*	Tordre. Tresser une corde.
280	Filature	Action de filer ou ensemble des produits utilisés pour filer. Établissement de filage des matières textiles.		
281	Fin	Moment où se termine quelque chose.	*Fanâ'oun*	Néant. Etat de ce qui est périssable.
282	Fini	Qualité de ce qui est parfaitement achevé ou de ce qui comporte des bornes.		
283	Finir	Mener à sa fin. Constituer la fin. Arriver à sa fin		
284	(In)-fini	Qui n'a pas de limites, ce qui semble ne jamais devoir se terminer.		
285	Fissure	Petite fente. Ouverture étroite et longue.	*Fashâra*	Découvrir ce qui était dissimulé, ouvrir.
286	Flot	Masse d'un liquide en mouvement. Quantité importante d'un liquide. Au pluriel, désigne la mer.	*Foulouk* *A'Flâk*	Onde. Flot.
287	Flotte	Ensemble de navires. Bouchon de liège utilisé à la pêche.	*Foulk*	Navire. Surnager. Flotter. *Foulk* latinisé en *fluctus* : flot ; puis *fluctuare* : surnager, flotter. Sont issus de ce terme : *fluctuation, fluctuer, flotteur, flottaison…*
288	Flotter	Être porté sur un liquide.		

289	Force	Capacité plus ou moins grande à produire un résultat. Puissance. Violence pour contraindre une ou plusieurs personnes.	*Fûrçatûn*	Occasion, opportunité. Part, lot qui revient à quelqu'un dans le sens de contrainte, de pression.
290	Fort	Vigueur physique, puissance d'action physique.		
291	Fracture	Cassure, rupture (d'un os).	*Faraqa*	Briser.
292	Fracturer	Briser, rompre, casser.		
293	Fraction	Action de rompre.		
294	Furieux	Emportée par une colère violente. Excessive, pleine d'ardeur.	*'Afarra*	Dépasser la limite. Redoutable.
295	Gabelle	Impôt sur le sel sous l'Ancien Régime. Administration chargée de le toucher.	*Qabila*	Se rendre garant. Promesse. Engagement. Serment.
296	Gagner	Acquérir quelque chose par son travail ou par hasard.	*Qanâ*	Obtenir quelque chose. *Qanâ* a également servi à construire les mots comme *gain, gagneur, gagnant...*
297	Gala	Grande fête, souvent de caractère officiel.	*Jâla*	Cérémonie.
298	Gazelle	Genre d'antilope qui vit dans les steppes d'Afrique et d'Asie.	*Ghazâla*	Gazelle.
299	Géhenne	Enfer. Lieu de séjour des réprouvés.	*Jahannam*	Terme utilisé dans le Qur'ân pour désigner l'« *Enfer* ».
300	Gens	Nom collectif qui signifie un certain nombre de personnes.	*Jinsoun, Jinsiyatoun* *de Jannasa*	Être de la même espèce. Déterminer le genre. « *Race* ».
301	Gendarme	Militaire qui appartient à la gendarmerie, corps militaire qui veille à la sûreté publique.	*Joundoun* *pl. Jounoûd*	Armée, troupe, force militaire.
302	Géographie	Science qui étudie et décrit les phénomènes physiques et humains, et leurs relations réciproques, dans les différentes parties du monde.	*Jighrâfia*	Description de la terre.

<table>
<tr><td>303</td><td>Gingembre</td><td>Plante originaire d'Asie dont la racine est employée comme condiment.</td><td>Zanjabil</td><td>Gingembre.</td></tr>
<tr><td>304</td><td>Girafe</td><td>Grand mammifère d'Afrique qui se distingue surtout par son long cou et sa robe tachetée.</td><td>Zarâfat</td><td>Girafe.</td></tr>
<tr><td>305</td><td>Girofle</td><td>Bouton de fleurs du giroflier, appelé aussi "clou de girofle" employé comme épice.</td><td rowspan="2">Qaranfouloun</td><td rowspan="2">Girofle. Giroflée.</td></tr>
<tr><td>306</td><td>Giroflée</td><td>Plante vivace de la famille des crucifères.</td></tr>
<tr><td>307</td><td>Global</td><td>De manière entière, en entier, totalement.</td><td>Jalaba</td><td>Rassemblement, réunion. Jalaba latinisé en globus : groupe d'hommes.</td></tr>
<tr><td>308</td><td>Gouffre</td><td>Cavité profonde, typique des roches calcaires.</td><td>Houfratoun</td><td>Galerie, voûte souterraine.</td></tr>
<tr><td>309</td><td>Gourbi</td><td>Maisonnette sommaire rurale des peuples d'Afrique du Nord.</td><td>Gourbi</td><td>Gourbi.</td></tr>
<tr><td>310</td><td>Gourde</td><td>Plante de la famille des cucurbitacées ou fruit de cette plante. Récipient, genre de bouteille incassable, facilement transportable.</td><td>Qar`atoun</td><td>Ressemblance avec la courge d'où son utilisation comme gourde lorsque celle-ci est séchée.</td></tr>
<tr><td>311</td><td rowspan="2">Gueule</td><td rowspan="2">Bouche de certains animaux.</td><td>Ghoûl
pl. Aghwâl</td><td>Sorte de démon, ogre qui dévore.</td></tr>
<tr><td>312</td><td>Koul. Ya'koul</td><td>Manger. Il mange.</td></tr>
<tr><td>313</td><td>Guitare</td><td>Instrument de musique à cordes pincées.</td><td>Qîthâra</td><td>Guitare.</td></tr>
<tr><td>314</td><td>Halo</td><td>Zone diffuse autour d'une source de lumière.</td><td>Hâlatoun</td><td>Halo.</td></tr>
<tr><td rowspan="2">315</td><td rowspan="2">Hammam</td><td rowspan="2">Établissement de bains de vapeur, typique des pays arabes.</td><td>Hammamoun</td><td>Bains chauds.</td></tr>
<tr><td>Al-Himma</td><td>La chaleur.</td></tr>
<tr><td>316</td><td>Haras</td><td>Élevage de chevaux de race.</td><td>Faras</td><td>Cheval.</td></tr>
<tr><td>317</td><td>Hasard</td><td>Évènement imprévu. Enchaînement de circonstances échappant à la raison humaine.</td><td>Az-zahr
an-nard</td><td>Dé à jouer.</td></tr>
</table>

<table>
<tr><td>318</td><td>Henné</td><td>Plante originaire d'Inde ou d'Arabie, utilisée pour teindre les cheveux et les ongles.</td><td>Hinnâ'</td><td>Henné.</td></tr>
<tr><td>319</td><td>Héritage</td><td>Ensemble des biens laissés par un défunt et transmis par succession.</td><td rowspan="3">Irthoun
pl. Wirâtha</td><td rowspan="3">Héritage. Irthoun passe en vieux français sous la forme ariter qui signifie mettre en possession.</td></tr>
<tr><td>320</td><td>Hériter</td><td>Recevoir par droit de succession.</td></tr>
<tr><td>321</td><td>Héritier</td><td>Celui qui reçoit une partie ou l'ensemble des biens laissés par un défunt.</td></tr>
<tr><td>322</td><td>Houle</td><td>Mouvement ondulatoire de la mer.</td><td>Hawl</td><td>Crainte. Affolement.</td></tr>
<tr><td>323</td><td>Humus</td><td>Matière organique du sol formée par la décomposition de plantes et de substances végétales.</td><td>Adamoun
de Adîm</td><td>Surface de la terre.</td></tr>
<tr><td>324</td><td>Hypothèque</td><td>Droit réel accordé à un créancier sur un immeuble pour garantir le paiement d'une dette.</td><td>Withâqoun</td><td>Avoir confiance dans quelqu'un ou quelque chose. Pacte, alliance, engagement.</td></tr>
<tr><td>325</td><td>Idem</td><td>Mot signifiant de même.</td><td>Idhân</td><td>Alors. Idhân latinisé en idem.</td></tr>
<tr><td>326</td><td>Immun</td><td>Se dit d'un organisme qui résiste à une maladie, face à un agent pathogène. Celui-ci est protégé, il est en sécurité.</td><td rowspan="3">'Amana
'Aminoun</td><td rowspan="3">Avoir confiance, être en sécurité. 'Aminoun signifie sûreté, sécurité. Latinisé, celui-ci devient immun (re) : fortifier.</td></tr>
<tr><td>327</td><td>Immuniser</td><td>Rendre réfractaire à une maladie. Sens figuré, rendre insensible.</td></tr>
<tr><td>328</td><td>Immunisation</td><td>Fait d'immuniser, de rendre résistant à une maladie.</td></tr>
<tr><td>329</td><td>Inciser</td><td>Faire une incision, entailler avec un instrument tranchant.</td><td rowspan="2">Nahassa</td><td rowspan="2">Couper avec les dents de devant. Nahassa latinisé incidere, incisum.</td></tr>
<tr><td>330</td><td>Incisive</td><td>Qui est propre à couper. Une des huit dents antérieures, servant à trancher les aliments.</td></tr>
</table>

331	Infection	Contamination par un agent pathogène (qui fait augmenter de volume le ou les organes en question lors de l'inflammation).	*Mounâfiq* *Nafadha*	Terme technique des teinturiers. (Terme qui veut dire aussi trompeur, double face, hypocrite). *Nafadha* signifie pénétrer, traverser. Latinisé en *infectio* : action de teindre, teinture ; puis devient *infection.*
332	Inquisition	Recherche minutieuse, où se mêlent l'arbitraire et l'acharnement. Avec une majuscule, il s'agit du tribunal ecclésiastique chargé de débusquer et de poursuivre l'hérésie.	*'Istiqçâ'i*	Inquisitoire. De *Qoussoûs* : prêtres et de *Qaça* qui signifie poursuivre quelqu'un avec persévérance. Chercher. Rechercher.
333	Janvier	Premier mois de l'année.	*Yanâyr*	Janvier.
334	Jarde	Tumeur dure qui se développe à la partie latérale externe du jarret du cheval.	*Jarad*	Blessure superficielle de la peau.
335	Jardin	Terrain où l'on plante des végétaux comestibles ou d'agrément.	*Janna*	Jardin. *Janna* est le nom donné dans le Qur'ân au « *Paradis* ».
336	Jarre	Grand vase en terre cuite, qui sert à conserver l'eau, l'huile.	*Jarratoun*	Jarre.
337	Jaseron	Cotte de mailles provenant d'Alger.	*Jazâ'ir*	Alger.
338	Jasmin	Plante ornementale à fleurs très odorantes de la famille des oléacées. Parfum extrait des fleurs de cette plante.	*Yasmîn*	Fleur jasmin.
339	Jatte	Récipient rond sans rebords.	*Jâfnatoun*	Grande écuelle.
340	Jour	Lumière du Soleil permettant de voir. Source de lumière naturelle.	*'Ajroun* *pl. 'Oujoûroun, 'Ajâroun*	Récompense, don. *'Ajroun* latinisé en *agrare* qui signifie salaire d'une journée de travail.
341	Journalier	Temps quotidien consacré à l'activité professionnelle.		

342	Julep	Liquide sucré et aromatisé servant de base pour des potions pharmaceutiques.	*Joullâb*	Essence de rose.
343	Jupe	Vêtement de femme qui descend de la ceinture jusqu'aux jambes.	*Jawboun*	Habit long. Jupe.
344	Khôl (Kohol)	Fard de couleur sombre utilisé pour le maquillage des yeux.	*Kouhl*	Noir.
345	Kali	Plante à feuilles épineuses, qui croît sur les côtes de l'Europe méridionale et dont on retirait autrefois la soude.	*Qalî*	Carbonate de sodium.
346	Kermès	Plante du genre quercus, petit chêne méditerranéen à feuilles persistantes, sur lequel on recueillait les cochenilles utilisées en teinture. Composé d'antimoine sous forme de poudre brune, recommandé comme expectorant. Insecte hémiptère, cochenille qui se fixe sur des arbres, appelée aussi graine	*Qirmizya*	La plante kermès.
347	Ketmie	Arbre des régions chaudes du globe, de la famille des malvacées, utilisé en ébénisterie.	*Khitmiya*	Arbre ketmie.
348	Kif	Mot arabe désignant un mélange de tabac et de haschisch.	*Kif*	Stupéfiant (drogue).
349	Kilo	Abréviation de kilogramme. Unité de mesure de poids valant mille grammes.	*Kayloun* *pl. Akyâloun*	Mesure de matières solides. De *Kayl* : quantification de substance, de grains…
350	Kola (Cola)	Kolatier, arbre de la famille des sterculiacées, produisant le kola qui contient des alcaloïdes stimulants. Fruit du kolatier, aux propriétés stimulantes.	*Koula*	Kolatier. Kola.
351	Laquais	Valet de pied en livrée. Homme servile.	*Laqiya*	Aller en compagnie de. Se joindre à.

352	Laque	Gomme-résine rouge-brun, fournie par certains arbres d'Extrême-Orient. Vernis à ongles. Vernis chimique utilisé en peinture. Produit que l'on vaporise sur les cheveux pour les fixer.	*Likkoun*	De laque, a été construit le terme laquer.
353	Lascar	Individu rusé.	*'Askariyoun*	Militaire.
354	Lazulite Lapis-lazuli	Silicate naturel d'aluminium et de sodium, pierre d'une belle couleur bleue, employée en bijouterie.	*Lâzaward*	Lapis-lazuli. Lazurite.
355	Léguer	Transmettre par testament.	*Lahaqa* *'Alhaqa*	Envoyer quelqu'un comme messager ou pour exécuter quelque chose. *Lahaqa* latinisé en *ad* (*in*) *legare, legare* : léguer quelque chose à quelqu'un. Sur ce mot se sont constitués par exemples, les termes *legs, légataire, légale...*
356	Leurre	Appât factice dissimulant un hameçon. (Sens figuré) moyen d'attirer et de tromper.	*Lâkha*	Briller. Jeter un regard sur quelqu'un.
357	Ligament	Attache, lien. Faisceau de fibres reliant les os au niveau des articulations ou maintenant des organes en place.	*Lijâmoun* *pl. Loujoumoun*	Mors. Lien. Frein. Bride. *Lijâmoun* latinisé en *ligamen* : lien, cordon.
358	Lilas	Arbuste d'ornement de la famille des oléacées. Fleur de cet arbuste. D'une couleur mauve rosée.	*Laïlak*	Fleur lilas.
359	Limon	Fruit du limonier, citron très acide.	*Laïmouna*	Citron. De ce terme est né, par exemple, le mot limonade (boisson inventée par les Arabes)
360	Lion	Grand mammifère carnivore de la famille des félidés, au pelage fauve, dont le mâle porte une crinière et qui vit en Afrique.	*Laythoun*	Lion.

361	Looch	Médicament sirupeux contenant un mucilage et une émulsion.	*La`oûq*	Médication.
362	Loquace	Qui parle beaucoup et de bon gré.	*Louqa`atoun*	Bavard, hâbleur, habile à parler. D'où : loquace.
363	Luffa (loofa)	Cucurbitacée grimpante dont le fruit est utilisé comme éponge.	*Loûf*	Cucurbitacée.
364	Luire	Briller, réfléchir de la lumière.	*Lâkha*	Briller. Jeter un regard sur quelqu'un.
365	Lumière	Rayonnement perçu par l'œil, émis par un corps incandescent ou luminescent. Clarté du jour.	*Ilhamoun*	Inspiration divine. Lumière liée à la notion de briller. *Ilhamoun* latinisé en lumen : ce qui éclaire, lumière.
			Lama`a	Briller en parlant d'une étoile, d'un éclair…
366	Luminaire	Source d'éclairage.	*Lam`atoun*	Luminaire. Du verbe : lama`a : Briller de loin, légèrement et d'un mouvement oscillatoire (étoile…).
367	Luth	Instrument de musique ressemblant à la mandoline, joué surtout à l'époque de la Renaissance et du Baroque.	*`Oûd*	Luth.
368	Macabre	Qui se rapporte à la mort, aux squelettes.	*Maqâbir*	Cimetière.
369	Macchabée	Personne morte, cadavre.		
370	Mâcher	Mastiquer, broyer avec les dents.	*Mâtha* *Madagha*	Mélanger, mêler. Mâcher quelque chose.
371	Madrier	Planche de bois très épaisse utilisée en construction.	*Al-Madr*	Tout ce qui entre dans l'édification de quelque chose. Par extension habitants des villes.
372	Mage	Prêtre, astrologue chez les Perses. Celui qui s'adonne à la magie, aux sciences occultes.	*Majoûs*	Adorateurs du feu.

373	Magie	Art de produire des effets inexplicables, par des moyens occultes. Science, religion des mages, prêtres de la Perse. Dans les sociétés primitives, pouvoir secret pour atteindre la connaissance, la puissance.	*Majîd*	Glorieux. Illustre. De *Majada* surpasser quelqu'un en puissance, en grandeur.
374	Magicien	Celui qui pratique la magie, art de produire des effets inexplicables, par des moyens occultes. Celui qui fait des choses comme par magie.	*Majoûs*	Individu exerçant la magie.
375	Magistère	Autorité doctrinale morale ou intellectuelle. Dignité de grand-maître de l'ordre de Malte. Diplôme universitaire de haut niveau.	*Majada* *Majdoun*	Etre illustre. Gloire, honneur.
376	Mahaleb	Cerisier d'Europe, dit bois de Sainte-Lucie, servant de porte-greffe.	*Mahlab*	Mahaleb.
377	Maison	Bâtiment qui sert d'habitation, de logement.	*Maskanoun* *pl. Massâkinoun*	Demeure. Habitation. Domicile.
378	Majesté	Caractère de grandeur qui suscite le respect, l'admiration. Titre donné aux monarques.	*Majouda* *Majdoun*	Etre glorieux. Titre de souverain. Majesté. Excellence. Élévation. Dignité.
379	Manger	Mâcher et avaler un aliment, se nourrir, prendre un repas.	*Madagha*	Manger en mâchant chaque morceau.
380	Manne	Suintement sucré provenant de divers végétaux, notamment du frêne. Nourriture ou don imprévu, providentiel.	*Manna*	Substance visqueuse. De *Manaha* : donner, offrir quelque chose à quelqu'un. *Manaha* latinisé en *munire* : fortifier, donner.
381	Marabout	Sage musulman extrêmement vénéré pendant sa vie et après sa mort. Personnage qui (soi-disant) détient des pouvoirs magiques, devin, guérisseur, en Afrique.	*Mourâbit*	Saint homme, craint et vénéré.
382	Maraîcher	Relatif à la culture intensive des légumes.	*Marjoun* *pl. Mouroûjoun*	Prairie. Terme latinisé en *mariscum, marescum, marescheius.*

383	Marais	Terrain couvert d'eau stagnante et d'une végétation particulière. Bourbier, situation compliquée dont on ne voit pas l'issue. Zone asséchée où se pratique la culture maraîchère.	*Marj*	Terrain bien humide.
384	Maraud	Fripouille, coquin.	*Marîd*	Gredin. Insolent. Méchant. Récalcitrant. De *Marîd* ont été crées les mots : *marauder, maraudeur...*
385	Maroquinerie	Ensemble des techniques de fabrication des objets en cuir. Entreprise qui fabrique des objets en cuir. Magasin de vente d'objets en cuir. Objet en cuir.	*Marâkash* *Maghrib*	Maroc. Marrakech.
386	Marque	Trace, empreinte, preuve. Indication, signe apparent, qui sert à signaler, à distinguer, à identifier.	*Marqoûmoun*	Inscription. Se rapporte à la notion d'écrire ou d'écriture.
387	Marquer	Faire ou laisser une trace, une empreinte. Rendre reconnaissable par un signe distinctif.		
388	Mascara	Fard coloré pour les cils.	*Mascara*	Mascara. Ville située dans l'est de l'Algérie.
389	Mascarade	Déguisement, masque. Action, manifestation trompeuse.	*Masgharât*	Plaisanterie. Comédie. Tromperie.
390	Masser	presser, manipuler les différentes parties du corps pour les assouplir et soulager les douleurs	*Massad*	Frictionner. Ou *Mâça*, effleurer, toucher. De ce terme ont été créés les mots comme : *massage, masseur, massant...*
391	Massicot	Oxyde de plomb.	*Massikoût*	Oxyde de plomb.
392	Mastic	Mélange de différentes substances, malléable et durcissant à l'air.	*Mouçtaqâ*	Pâte de mastic.
393	Matelas	Genre de coussin plat et rembourré posé sur le sommier d'un lit.	*Matrah*	Lit. De ce mot, le terme aliter a été construit.

394	Matière	Substance qui constitue un corps.	*'Amtâroun*	Pluie abondante - considérée comme indispensable à la Vie donc une substance fondamentale.
395	Matraque	Arme contondante cylindrique courte en bois ou en caoutchouc.	*Matraqa de Mitraqa*	Frapper. *Mitraqa* désigne un bâton souple.
396	Matraquer	Frapper avec une matraque, arme contondante cylindrique courte en bois ou en caoutchouc.		
397	Méchoui	Agneau ou mouton cuit à la broche sur la braise. Repas où l'on sert l'agneau ou le mouton cuit à la broche sur la braise.	*Mashouiy*	Méchoui.
398	Méhari	Dromadaire, en Afrique du Nord.	*Mahriy*	Dromadaire véloce.
399	Mélanger	Mettre ensemble différents éléments pour les unir.	*Mouzâjoun*	Mêler. Associer. De ce groupe de mots sont constitués les termes comme : *mélange, mélangeur, mélangeant…*
400	Mêler	Mettre ensemble différents éléments pour les unir.	*Mazaja,*	
401	Mesquin	Médiocre, qui manque de générosité.	*Miskîn*	Pauvre, misérable.
402	Messe	Célébration du culte catholique par un prêtre (sens de se diriger, aller vers Jésus).	*Masha*	Aller. Marcher. Se diriger vers quelqu'un.
403	Mesure	Évaluation d'une grandeur par comparaison avec une grandeur de même espèce prise comme référence (unité, étalon). Quantité, grandeur déterminée par la mesure (dimension, volume). Quantité, grandeur servant d'unité (mètre, litre).	*Mîzân*	Balance. Instrument de mesure des poids.
404	Milice	Groupe armé privé qui secondait l'armée, du Moyen-Age au XVIIIe S.	*Millatoun*	Religion. Secte. Au sens où les adeptes sont enrôlés. *Millatoun* latinisé en *militia* : état de soldat, service du travail ou militaire.
405	Militaire	Relatif à la force armée, à son organisation. Personne qui appartient aux forces armées.		

406	Miroir	Verre ou surface polie et métallisée qui réfléchit la lumière, les images.	*Mir'ât*	Miroir. De ce mot, divers termes ont été créés : *miroiter, mirer, mire…*
407	Modèle	Ce qui sert de référence.	*Mathâloun*	Comparaison. Parallèle. *Mathâloun* : semblable à un autre. Identique. Ressemblance. *Mathâl* latinisé en *motulus, modulus* : mesure, ce qui sert de mesure.
408	Mohair	Poil de chèvre angora qui sert à fabriquer de la laine fine et soyeuse. Étoffe tissée avec cette laine.	*Moukhayar*	Sélectionné. Sélection. Choix.
409	Moisson	Récolte des céréales.	*Moûça* *pl. Mawâçi*	Récupérer les récoltes, moissonner.
410	Moka	Variété de café très appréciée. Boisson préparée avec du café.	*Moukha*	Ville portuaire du Yémen.
411	Momie	Substance bitumeuse utilisée pour l'embaumement ou comme pigment. Cadavre conservé par l'embaumement.	*Moûmiya'*	Goudron. Bitume. Cire.
412	Moniteur	Personne qui enseigne des sports, des techniques. Animateur et surveillant d'activités de loisirs pour enfants. Appareil de surveillance des fonctions vitales, dans un hôpital.	*Moundhiroun* *pl. Manâdhiroun*	Qui avertit. Qui fait prendre garde. Apôtre. Prédicateur. *Al-Moundhir* était un roi arabe de Hira. *Moundhiroun*, latinisé en *monidor*, monitor qui signifie celui qui avertit, surveillant, précepteur, gouverneur.
413	Monture	Animal sur lequel on monte pour se faire porter.	*Matiyyatoun* *pl. Mataya*	Bête de somme.
414	Mosquée	Lieu de culte pour les musulmans.	*Masjid*	*Masjid* dérive de *Sajada* qui signifie être à terre, se prosterner.
415	Mortaise	Cavité creusée dans une pièce de bois destinée à recevoir le tenon d'une autre pièce.	*Mourtâz*	Maintenu. Maintien.

416	Mourir	Cesser de vivre.	*Mâta*	Décéder. Mâta donne le terme latin *mactare* qui passe en français sous la forme mourir.
417	Mousseline	Qualifie une préparation ou un matériau très fin ou très léger.	*Mawçiliy*	Mossoul.
418	Munition	Ensemble des fournitures indispensables à l'armée ; (au pluriel) munitions : réserve indispensable à une arme (balles, cartouches, etc.).	*Moûnatoun* *pl.Mouwanoun*	Lit. « Provision de bouche ». De *Mâna* : nourrir, entretenir (en vivres). Apporter, fournir des vivres. *Moûnatoun* latinisé en *munitum*, de *munire* : fortifier.
419	Munir	Équiper, doter.	*Manaha*	Donner, offrir quelque chose à quelqu'un. *Minhatoun* désigne le don. *Manaha* latinisé en *munire* : fortifier, donner. *Munificium* : cadeau, présent.
420	Musc	Substance odorante produite par les glandes abdominales de certains cervidés. Parfum fabriqué à partir de cette substance.	*Misk*	Musc. De ce mot provient le terme muscat.
421	Musicien	Qui compose des pièces musicales, qui joue d'un instrument de musique.	*Moûssîqâr*	Musicien.
422	Musique[85]	Technique et art de combinaison des sons.	*Moûssîqâ*	Musique.
423	Nacre	Substance calcaire blanche, brillante, à reflets irisés, qui recouvre l'intérieur de la coquille de certains mollusques, utilisée en bijouterie et en marquete-	*Naqroun*	Cavité. Partie creuse.
424	Nadir	Point virtuel de la sphère céleste, situé à l'extrémité d'une ligne verticale partant d'un endroit donné du globe et passant par le centre de la terre, opposé au zénith.	*Nâdir*	Point opposé au zénith.

[85] FARMER, « Historical facts for the Arabian Musical influence », Londres, 1930.

425	Naja	Serpent venimeux d'Asie et d'Afrique (= cobra, serpent à lunettes).	*Najâ*	Cobra.
426	Naphte	Pétrole. Mélange d'hydrocarbures issu de la dégradation de matières organiques, anciennement utilisé comme combustible ou dissolvant.	*Naft*	Naphte. De ce mot est issu naphtalène.
427	Narghilé	Pipe orientale à long tuyau, équipée d'un petit réservoir d'eau parfumée traversé par la fumée lors de l'aspiration.	*Narâjil*	Pipe à eau.
428	Natron	Carbonate de sodium hydraté naturel.	*Natroûn*	Natron.
429	Nebka	Petit tas de sable dans un désert formé derrière une touffe de végétation, derrière un obstacle.	*Nabaka*	Butte.
430	Nécrose	Mort d'un tissu ou d'une cellule.	*Niqrissoun*	Faute. Faillir. Fatal. Qui mène à une perte, à des conséquences malheureuses. Latinisé par noceo, nek : causer la mort. D'où necros, necrosus. De là proviennent les termes français de nécrose, nécromancie...
431	Nénuphar	Plante aquatique à fleurs de la famille des nymphéacées.	*Naynoûfar*	Nénuphar.
432	Nocif	Nuisible. Néfaste, préjudiciable.	*Najis*	Impur. *Najis* : incurable, au sens d'une maladie, d'un mal. De *Niqrissoun* : faute. Latinisé par *noceo, nek* : causer la mort.
			Nahsoun	Insupportable au point de faire souffrir quelqu'un. De *Nahassa* : sinistre, porter malheur, latinisé en *noxa, noceo* : nuire.

433	Noria	Machine qui sert à puiser l'eau, composée d'une chaîne sans fin sur laquelle sont accrochés des godets. Élévateur équipé suivant le même principe	*Nâ`oûra*	Noria.
434	Nuire	Causer du tort, léser. Représenter un danger.	*Nahassa*	Faute. Faillir. Fatal. Qui mène à une perte, à des conséquences malheureuses.
435	Oedème	Infiltration de liquide séreux dans le tissu conjonctif.	*'Dâm*	Sang.
436	Œil	Organe de la vue qui fait partie du visage.	*`Ayn*	Œil.
437	Optimum Optimal	Désigne l'état le plus favorable, le meilleur possible (= optimal). Le niveau le plus important, le plus haut.	*`Azîmoun*	Grand, immense. Dans al-Qur'ân, Allâh est qualifié de *Al-`Azîm* -Allâh l'Incommensurable-. *`Azîmoun* latinisé en *oddimum, od dimum,* puis *obtimum* et *optimum.* De ce terme ont été créés : *optimal, optimalisation, optimaliser, optimiser, optimisation...*
438	Orange[86]	Fruit comestible de l'oranger, de forme arrondie et de couleur jaune-rouge.	*Nâranj*	Orange.
439	Pastèque	Plante méditerranéenne, de la famille des cucurbitacées, cultivée pour ses fruits très juteux. Fruit de cette plante.	*Bittîkh*	Pastèque.
440	Perquisition	Fouille minutieuse d'un lieu par un magistrat ou un officier de police pour trouver des indices, des preuves utiles à une enquête.	*Qiçissoun*	De *Qaça* qui signifie poursuivre quelqu'un avec persévérance. Chercher. Rechercher.

[86] L'orange porte un autre nom : *Bourtouqâl.* Ce fruit a été abondamment cultivé dans une région qui porte désormais ce nom : le *Portugal.* Rappelons que la lettre *p* n'existe pas en arabe.

441	Pharaon	Souverain de l'Égypte ancienne.	*Fir`aown*	Pharaon. Monarque.
442	Pilon	Outil servant à broyer, à écraser.	*Wabîloun*	Morceau de bois court qui sert à frapper un autre plus long et plus épais. *Wabilûn* latinisé en pilum qui devient pilon indiquant le javelot.
443	Quai	Ouvrage construit au bord de l'eau pour l'accostage, l'amarrage des bateaux et la circulation.	*Taki'a*	Faire qu'on s'appuie, étayer…
444	Quartier	Partie d'un tout divisé en quatre.	*Kharatûn*	Quatrième partie de la ville. De *Kharatûn* provient le mot latin *quartus* qui signifie quatrième.
445	Quintal	Mesure de masse égale à cent kilos.	*Qintâroun*	Mesure de poids. *Qintâr* latinisé en *quintale* et francisé en *quintal*.
446	Rami	Jeu de carte où il faut rassembler des suites ou des cartes d'une même couleur.	*'Armî* *Râmî*	Lancer. Jeter.
447	Rassis	Calme, pondéré.	*Raçîn*	Immobile. Fixé de manière immobile, qui demeure sans bouger.
448	Razzia	Incursion guerrière en territoire ennemi. Butin qui en résulte.	*Ghazwâ*	Exécuter une incursion guerrière.
449	Récif	Rocher ou chaîne de rochers à fleur d'eau près d'une côte.	*Raçîfa*	Être solide.
			Raçfoun	Rangée de pierres pavées, chaussée, chaîne de rochers à fleur d'eau.
450	Requin	Terme générique de tous les poissons sélaciens de haute mer, qui se répartissent en fait en une dizaine de familles (cacharius squalus).	*Qouraysh* *de Qarshoun* *Qirsh, Qarsh*	Poisson plus imposant que le thon. *Qirsh, Qarsh* latinisé en *carcharius* puis *carius*.
451	Riche	Qui possède une grosse fortune. Dont la situation financière est prospère. Qui produit beaucoup.	*Râsha*	Gérer avec talent. Administrer avec soin.
452	Richesse	Abondance de biens.		

453	Risque	Danger plus ou moins probable. Sinistre éventuel garanti par une compagnie d'assurance.	*Rizq*	Rétribution prédestinée. Destin bon ou mauvais.
454	Rob	Suc de fruit épaissi par évaporation qui se consommait comme remède juste avant sa fermentation.	*Roubb*	Fruit cuit comme le raisin ou la datte.
455	Roi	Souverain à vie d'un royaume par voie héréditaire.	*Raîy*	Monarque.
456	Sacre	Grand faucon utilisé à la chasse (gerfaut).	*Saqr*	Faucon.
457	Safari	Expédition de chasse au gros gibier en Afrique.	*Safar*	Excursion. Voyage.
458	Safran	Qui a la couleur jaune orangé. Nom commun des crocus de la famille des iridacées. Condiment et teinture tiré de la partie supérieure du pistil de cette plante.	*Za`frân* *'Açfaran*	De '*Açfar* qui signifie couleur jaune.
459	Sage	Réfléchi, modéré. Docile et calme.	*Saja*	Être calme. Tranquille.
460	Sahel	Zone semi-désertique qui fait la transition entre le désert et le domaine tropical humide.	*Sâhil*	Côte.
461	Saluer	Action de saluer, marque de respect, de civilité ou de reconnaissance.	*'Aslama*	Se livrer entièrement à la volonté divine. *Salam* latinisé en *salutem*, *salutare*, *salvus*. L'expression *Radda as-Salam* latinisé en *Reddere Salutem* !
462	Salut	Bénédiction solennelle, office du soir en l'honneur du Saint Sacrement.	*Salla*	Prière, prier. Terme latinisé en *salus*, *saluten*, *salutem*.
463	Salto	Saut périlleux.	*Shâltoun*	Mouvement de danse. *Shâltoun* italianisé en *salto*.
464	Samedi	Sixième jour de la semaine, entre le vendredi et le dimanche.	*Sâbbat*	Septième jour. (Le Dimanche étant le premier : *Ahad*.) Par extension : inertie, repos. Latinisé en *sabbati*.

<table>
<tr><td>465</td><td>Saphir</td><td>Pierre précieuse, variété de corindon, de couleur bleue.</td><td>Safir</td><td>Pierre bleue.</td></tr>
<tr><td>466</td><td>Saponaire</td><td>Plante des lieux humides de la famille des caryophyllacées.</td><td>Çâboûniya</td><td>Plante entrant dans la composition du savon.</td></tr>
<tr><td>467</td><td>Satan</td><td>Maudit. Au sens général, nom d'un démon ou diable.</td><td>Shaytân</td><td>Être qui sème le désordre sur terre, qui enfreint les Lois divines.</td></tr>
<tr><td>468</td><td>Sauf</td><td>Tiré d'un grand péril.</td><td rowspan="2">Shafâ</td><td>Guérir d'une maladie ou délivrer d'une grande soif.</td></tr>
<tr><td>469</td><td>Sauver</td><td>Tirer quelqu'un d'un danger. Tirer une chose d'une destruction certaine.</td><td>Guérir quelqu'un d'une maladie ou le délivrer d'une violente soif. Shafâ latinisé en salvar, salvare.</td></tr>
<tr><td>470</td><td>Savate</td><td>Vieille chaussure.</td><td>Sabbat
pl. Sabâbît</td><td>Chaussure.</td></tr>
<tr><td>471</td><td>Savon[87]</td><td>Produit lavant obtenu par l'action d'une base (soude) sur un corps gras (par exemple huile olive).</td><td>Çaboun</td><td>Savon. De Çâboûniya latinisé en sapo.</td></tr>
<tr><td>472</td><td>Scalaire</td><td>En mathématique, dont la grandeur est suffisamment définie par un nombre seul.</td><td>Soullamoun</td><td>Échelle. Latinisé en scalum, scala : échelle.</td></tr>
<tr><td>473</td><td>Scalpel</td><td>Outil de chirurgien qui sert pour inciser et disséquer.</td><td>Sharata</td><td>Faire une incision. Latinisé en scarifatum, scarifio : inciser légèrement.</td></tr>
</table>

[87] Les Phéniciens et les Assyriens fabriquaient déjà du savon, plus de cinq siècles avant J-C. Les musulmans perfectionnèrent le savon et le diffusèrent de manière industrielle aux confins de l'Empire en y ajoutant des parfums variés. Celui-ci garantissait l'hygiène corporelle, un des préceptes essentiels de l'Islâm. En effet, l'office de la *Çalât* (« prière ») dû par tout musulman est subordonné à une propreté rigoureuse. C'est en 1906, à Marseille, que la France a connu sa première fabrique de savon. Depuis, le *savon de Marseille* est le plus connu en France. Le savon le plus réputé reste bien entendu le fameux et classique *savon d'Alep* (Syrie).

474	Scribe	Fonctionnaire qui était chargé de tenir les comptes et de rédiger les actes administratifs, par exemple dans l'ancienne Égypte.	*Kataba* *de Kitâb*	Écrire. *Kitâb* : livre. Latinisé en *scribere* : écrire.
475	Sébile	Petit récipient creux que tendaient les mendiants. Récipient en bois utilisé dans plusieurs techniques.	*Zabîl*	Panier.
476	Sécateur	Gros ciseaux de jardinage muni d'un ressort, dont on se sert pour couper les branches, les tiges...	*Sakka* *Sikkîn*	Couper. Couteau.
477	Sec, sèche	Qui n'est pas humide.	*Shîyh*	Être sec.
478	Sécher	Rendre sec. Devenir sec.		
479	Seconde	Qui vient après la première et avant la troisième.	*Sa'atoun*	Heure, « *Jour du Jugement* ». *Sa'at* latinisé en *secunda* garde toujours son aspect phonétique et sémantique. Il a pris le sens général d'heure. *Secunda* : qui suit, qui vient après le premier.
480	Secteur	Subdivision d'une zone urbaine, d'une région.	*Sikkatoun* *pl. Sikakoun*	Chemin tracé, route. Terme latinisé en *secta* qui signifie chemin tracé pour devenir secteur.
481	Segment	Portion délimitée.	*Sahmoun* *pl. Sihâmoun*	Flèche, portion, morceau.
482	Sentier	Chemin pédestre.	*Samtoun* *pl. Soumoûtoun*	Chemin, route, direction. *Samtoun* latinisé en *semita* : petit chemin étroit, ruelle.
483	Sequin	Ducat vénitien du XIIIe siècle qui devint, avant l'heure, la monnaie européenne du commerce.	*Sikka*	Matrice de frappe des monnaies.
484	Sérail	Palais, dans l'empire musulman. Au figuré, entourage immédiat d'une personnalité, milieu de courtisans.	*Sarâya*	Palais.

485	Série	Suite de choses (en principe de même nature). En mathématique, suite de termes se succédant ou se déduisant les uns des autres selon une loi.	*Soûratoun*	Sourate : chapitre du Qur'ân. De *Souraroun*, pl. *Sirâroun* : plie (ligne) sur le front ou sur la paume de la main. Latinisé en *series* -hellénisé en *sero-* : lier, enchaîner ; file, rangée, suite… Ceci a donné *sertum* puis *series*.
486	Sevrer	Cesser l'allaitement de.	*Safara*	Voyager, se déplacer, dans le sens de changer d'habitude.
487	Shérif	En Angleterre, magistrat qui applique la loi au niveau du comté. Aux États-unis, officier élu, chargé du maintien de l'ordre dans un comté.	*Shârif*	Personnalité, personnage im-portant par sa position sociale dans une ville, une région.
488	Siège	Meuble prévu pour s'asseoir.	*Sajada*	Être à terre, se prosterner. *Sajada* latinisé en *sedeo* : être assis.
489	Siéger	Résider. Être à tel endroit. Faire partie d'une assemblée, d'un tribunal, d'un jury ...		
490	Sigillé	Marqué d'un sceau, d'un cachet officiel qui identifie un document. Relatif à la poterie décorée de motifs en relief.	*Sajjala*	Propriété de la terre à recevoir une empreinte.
491	Siffler	Produire un son aigu par la bouche en chassant l'air des poumons ou à l'aide d'un instrument (sifflet...).	*Çafara* *Shâfr*	Siffler.
492	Signal	Signe convenu.	*Shâng*	Castagnettes et espèce de harpe orientale. Sur cette racine sont construits les mots comme signaler, signalement…
493	Signe	Indice, marque. Mot ou geste permettant de communiquer.	*Çanamoun* *pl. 'Açnâmoun*	Idole. Figure, représentation d'une divinité qui fait l'objet d'un culte d'adoration. Terme latinisé en *sigmun* : indication apparente, qui sert à signaler (signe), à distinguer, à identifier marque distinctive. De ce mot a été créé : signature, signer…

494	Simoun	Vent de sable sec et violent du désert.	*Simoûn* *Samoûn*	Simoun.
495	Sinus	Trigonométrie, ordonnée de l'extrémité d'un arc portée sur le cercle trigonométrique.	*Sîyoun*	Terme de géométrie et d'astronomie.
496	Sincère	Qui exprime ce qu'il ressent et ce qu'il pense vraiment, qui ne ment pas.	*Çarouha*	Etre pur, sans mélange. *Çarouha* latinisé en *sincerus* qui signifie pur, exempte de mélange.
497	Siroco	Vent du sud-est chaud et sec, il est souvent chargé de poussières du désert.	*Sharqîy*	Vent puissant du sud-est. (*Mashriq* : Orient).
498	Sirop	Solution concentrée de sucre, souvent additionnée de substances médicamenteuses ou	*Mashroûb*	Breuvage. Boisson.
499	Six	Nombre cinq plus un.	*Sittoun*	Six.
500	Sixième	Ordinal de six.	*Sâdisa*	Sixième.
501	Sloughi	Lévrier arabe à poil ras.	*Saloûqqyi*	Lévrier.
502	Spécimen	Échantillon. Petite quantité d'une marchandise qui permet d'en évaluer l'ensemble ou de s'en faire une idée (échantillon de tissu, de	*Shâbaha*	Comparer l'un à l'autre. Ressembler à. *Shabahoun* : ressemblance. Latinisé en *speciem* : vue, regard, image, apparence.
503	Sept	Nombre six plus un, le chiffre sept.	*Sab`atoun*	Sept.
504	Septième	Qui occupe le rang marqué par le nombre sept.	*Sâbi`*	Septième.
505	Sofa	Sorte de canapé ou de lit de repos à trois dossiers, rembourré.	*Çouffa*	Banc, banquette en pierre devant une maison (ou une mosquée) où l'on s'assoit.
506	Soie	Fibre textile obtenue à partir du cocon du ver à soie.	*Soundous*	Sorte d'étoffe.
507	Solide	Qui présente une résistance, une consistance ferme. Résistant, capable de lutter contre l'usure.	*Çalada Çaldoun* *pl. Açlâdoun*	Être dur (par exemple le sol), robuste.

508	Somme	Masse d'argent, montant déterminé d'une transaction, d'une opération commerciale.	*Thaman* *Souwâmoun*	Prix d'une marchandise. La cote.
509	Sommet	Partie la plus élevée (d'une montagne, d'un mur...).	*Samâ'* *de Samâ*	*Sama* : être haut, élevé d'où *Sama'* qui désigne le ciel. Se définit par être très haut, s'élever, se dresser dans les airs, tels qu'une montagne, un édifice... Terme latinisé en *summitas* : partie supérieure, cime.
510	Sorbet	Glace légère à base de fruits confectionnée sans crème.	*Sharâboun* *de Sharaba*	Boire.
			Mashraboun	Lieu où l'on boit. Récipient. Pot à boire.
511	Sorcellerie	Pratique magique des sorciers ; le résultat de ces pratiques.	*Sahara*	Ensorceler, fasciner.
512	Sorcier	Celui qui est réputé pour être en relation avec les puissances occultes et qui peut agir par des charmes et des maléfices.	*Sâhiroun* *pl. Saharatoun*	Magicien.
513	Souder	Faire une soudure, assembler, fixer des éléments métalliques ensemble, soit par fusion, soit par une réaction chimique.	*Çalada*	Être dur (par exemple le sol), robuste.
514	Soude	Plante des marais salants de la famille des chénopodiacées.	*Çoûdâ*	Plante utilisée pour la fabrication du carbonate de sodium, élément indispensable à la confection du savon.
515	Soudure	Assemblage de deux pièces métalliques par voie thermique, ou chimique.	*Shalada Shaldoun*	Être dur (par exemple le sol), robuste.
516	Soufi	Relatif au soufisme, doctrine ésotérique de l'islam mystique et ascétique. Mystique musulman.	*Çoufiyoun*	Mystique. De *Çoûf* qui signifie la laine. Celle-ci était la matière qui composait leur vêtement.
517	Soufre	De la couleur du soufre, solide jaune qui brûle en dégageant une odeur asphyxiante.	*'Açfar*	Jaune. Par référence à la couleur du minéral.

518	Souk	Marché dans les pays arabes. Familièrement, grand désordre.	*Soûq* *Aswâq*	Marché. Rue, chemin.
519	Sourate	Chapitre du Qur'ân.	*Soûratoun*	Chapitre du Qur'ân.
520	Strate	Couches constitutives d'un terrain.	*Shara`a*	Chemin à suivre. *Shara`a* latinisé devient *strata* qui désigne une route pavée de dalles ou de pierres.
521	Stratification	Dispositions en couches.		
522	Stratifié	Disposer par couches superposées.		
523	Strie	Petit sillon peu profond qui marque une surface, rainure.	*Istâr*	De *Sattara* qui veut dire écrire, tracer des caractères.
524	Strier	Marquer une surface d'un ensemble de petits sillons parallèles peu profonds.		
525	Sucre	Substance alimentaire de saveur douce extraite de la canne à sucre et de la betterave sucrière.	*Soukkaroun de Sekar*	Boisson enivrante. *Soukkaroun* donne *Sakkara* qui signifie « être ivre » car le sucre est à la base des boissons fermentées qui sont enivrantes.
526	Suif	Graisse fondue, de ruminants en particulier.	*Wasif*	« *Nègre* », au sens d'esclave noir.
527	Sultan	Titre de certains souverains musulmans.	*Soultânoun* d'où Sultan	Pouvoir, autorité.
528	Sumac	Arbre des régions tropicales qui fournit divers colorants et vernis, famille des térébinthacées.	*Soumâq*	Sumac.
529	Summum	Plus haut degré, plus haut point, apogée.	*Sâwami'ûn pl.* *Sawma'âtûn*	De *Samâ* : être haut, élevé d'où *Samâ'oun* qui désigne le ciel. Etre très haut, s'élever, se dresser dans les airs (montagne, édifice...).
530	Supérieur	Situé au-dessus. Plus grand, plus élevé, plus avancé que.	*Naçara* *Sharafoun*	Aider, assister. *Naçroun*, *Nouçratoun* signifie secours, victoire. Latinisée, l'expression devient *insuperare* : vaincre, l'emporter sur. *Shâra* : monter sur un mur, rang, degré. *Superare* : s'élever au-dessus de, supériorité...

531	Syndic	Mandataire de la copropriété d'un immeuble. Anciennement, administrateur nommé d'une entreprise en cessation de paiements (syndic de faillite). Histoire : représentants élus auprès du seigneur	*Siddîqoun*	Convention, intègre, juste, véridique.
532	Syndicat	Groupement de défense d'intérêts.		
533	Tabi	Sorte de moire de soie.	*Atâbîy*	Soie.
534	Table	Meuble formé d'un plateau posé sur des pieds.	*Tawwala*	Être long, s'étendre en longueur
535	Tabula	Disposer une ligne, un paragraphe, des caractères, en indentation. Établir des listes d'informations à l'aide d'une tabulatrice.		Omoplate qui servait à écrire jadis.
536	Tache	Marque, empreinte de salissure, souillure.	*Taba`a* *Tab`oun*	De *Taba`a* : marquer d'un sceau (sceller). *Tab`oun* : sceau, cachet, marque.
537	Talisman	Objet marqué parfois de signes cabalistiques auquel on attribue la vertu d'apporter le bonheur ou de conférer un pouvoir magique. Ce qui a des effets merveilleux.	*Talsama* *Tillasmoun* *pl. Talâsimoun*	Tracer des lignes magiques, ésotériques.
538	Tambour	Caisse cylindrique dont les fonds sont formés de peaux tendues, dont l'une est frappée avec deux baguettes pour en tirer des sons.	*Tanbour*	Tambour.
539	Tamiser	Passer à travers un tamis.	*Tamayyouz* *de mazana*	Distinction, différenciation. S'en aller, passer, s'éloigner en poursuivant sa route, droit devant.
540	Tamis	Instrument qui sert à passer des matières pulvérulentes ou des liquides épais.		
541	Tampon	Plaque de métal ou de caoutchouc gravée et qui, imprégnée d'encre, permet d'imprimer le timbre d'une administration, d'une société…	*Taba`a*	Faire une empreinte sur quelque chose.

542	Tanner	Transformer en cuir la peau brute des animaux, en l'enduisant de diverses substances (tanins, alun de chrome, naphtol...).	*Tâna*	Enduire.
543	Taon	Grosse mouche piqueuse et suceuse de sang.	*Dhoubân*	Mouche. *Dhoubân* latinisé en *tabanus*.
544	Tapage	Bruit important, désordonné.	*Tabtaba* (*Dawdâ'*)	Faire du bruit en tapant sur quelque chose.
545	Taper	Faire du bruit en frappant.	*Tabtab*	Cogner un matériau (par exemple une porte).
546	Tare	Poids qui, sur une balance, équilibre le contenant dans lequel on va verser la marchandise à peser. Poids de l'emballage d'une marchandise.	*Tarh*	Retranchement. Opération par laquelle on soustrait un ensemble d'un autre.
547	Tarif	Montant d'un prix. Tableau indiquant l'ensemble des prix pour un service ou une marchandise donnée.	*Ta`rifa*	Montant d'un prix.
548	Tartre	Dépôt (vin, huile...) laissé sur les parois des cuves, des jarres.	*Dourdiyyoun*	Huile grossière.
549	Tasse	Petit récipient dont on se sert pour boire (café, thé...).	*Tâssoun* *pl. Tâssâtoun*	Espèce d'écuelle ou d'assiette creuse, soucoupe.
550	Taureau	Mâle de la vache, mammifère ruminant de la famille des bovidés, apte à la reproduction.	*Thawr*	Clarté de l'aube sur l'horizon. Par allusion à la constellation et au signe du zodiaque.
551	Taxe	Soumettre à un impôt. Prélèvement fiscal.	*Qastoun*	Contribution. Impôt. Tribut. De *Qist* : une certaine mesure.
552	Tecto-	Préfixe entrant dans des compositions de termes techniques.	*Tahta*	Sous. *Tahta* hellénisé par *tecto* et latinisé par *tect*.
553	Tectonique	Relatif à l'étude de la structure des couches géologiques.		
554	Tente	Abri de toile démontable et transportable.	*Qaytoun* *pl. Qîyatin*	Petite chambre. De *Qatana* : habiter.

555	Terre	La planète. Sol de cette planète où nous construisons, nous déplaçons, vivons. Séjour des vivants (s'oppose au ciel, à l'enfer).	*Tarou'a*	Terre au sens de richesse (foncier). Par extension, en tant que tombeau.
			Tarrâ	Être humecté.
				Humidité, terre, poussière.
556	Thon	Gros poisson comestible de la famille des scombridés.	*Toûnnoûn* *Tanattâ*	Bondir. Sauter hors de l'eau.
557	Tiède	Qui a une chaleur modérée (entre le chaud et le froid).	*Tâba*	Être bon, en bon état. *Tabakha* : cuire, chauffer des aliments. Terme qui a donné en bas latin *tepidus*, *tepeo* : être chaud ; *tepesco* : s'échauffer ; *tepefacier* : échauffer.
558	Timbale	Instrument de percussion.	*Tabloun* *pl.Touboûloun*	Timbale. Instrument que l'on percute pour en tirer de la musique.
559	Tôle	Métal laminé en plaques larges et minces	*Matîlatoun*	Plaque métallique large, mince et ondulée.
560	Toque	Coiffure sans bords de forme ronde.	*Tâqiyya*	Toque.
561	Toubib	Médecin.	*Tabîb*	Médecin. Terme venant de Tibb : Médecine.
562	Tour	Pourtour de quelque chose. Mouvement de rotation.	*Tarra*	*Tarra* : faire le tour, circuler autour d'un point, réunion.
563	Tourbe	Matière combustible médiocre d'origine végétale qui se forme par la fermentation et la carbonisation partielle de certaines mousses (carex, sphaignes).	*Tourba* *Tourâb*	Mot venant de *Tourâb* : terre, sol...
564	Traduire	Transposer un texte d'une langue dans une autre. Exprimer, reproduire.	*Tarjama*	Interpréter.
565	Trique	Gros bâton utilisé comme arme.	*Matraq*	Un bâton souple. De *Taraqa* marteler (avec un bâton).
566	Typhon	Cyclone (zone de basses pressions dans laquelle l'air se précipite et tourbillonne) violent des mers de Chine et de l'Océan indien.	*Tîfoûn*	Tourbillon de vent. Trombe d'eau.

567	Usnée	Lichen filamenteux pendant aux branches des arbres.	*'Oushna*	Usnée.
568	Valise	Bagage à main avec poignée.	*Walîha*	Grand sac. Sacoche.
569	Vizir	Ministre d'un sultan.	*Wazîr*	Ministre. Conseiller.
570	Voix	Son produit par l'air des poumons lorsqu'il fait vibrer les cordes vocales. Organe de la parole	*Wahyoun* *Wâ`y*	Révélation. Chose révélée. *Wâ`y* latinisé en *vox* : voix ; *voces* : parole ; *vocare* : appeler, nommer.
571	Voûte	En architecture, ouvrage fait en arc de cercle dont les éléments (voussoirs) s'appuient les uns sur les autres ; selon les formes, de nombreux types de voûtes se distinguent.	*Vûlûta*	*Bayt al-Wûlûta* : construction en dur.
572	Zénith	Point où la verticale d'un lieu perce la sphère céleste au-dessus de l'horizon, le point inverse se nomme "nadir".	*Samtoun* *pl. Soumoûtoun*	Chemin, route, direction. Le point directement opposé de la sphère céleste.
573	Zéro	Signe numérique n'ayant pas de valeur par lui-même mais qui, placé à la droite d'un nombre, multiplie celui-ci par la valeur 10. Valeur, quantité nulle.	*Çifroun*	Vide. *Çifroun* est la forme réduite de l'italien *Zefiro* lorsque Philippe Calendar a eu sance des ouvrages notamment de A.H. Al-Qalsadî[88]. *Zefiro* diffusé en Europe devient la numérotation *Zéro*.

[88] P. CALENDAR, « Arithmétique », Florence, 1491.

Conclusion

Une observation de la raison historique dans la langue française laisse apparaître le mérite d'une méthode interprétative qui soit réelle et objective. En effet, prenant en considération quelques éléments de base de la linguistique, de la sémantique (étude du sens) et de la lexicologie (évolution de la langue d'après des facteurs internes ou externes), il est possible de distinguer les divers apports -latin, grec, arabe...- à la langue française et ce, afin de ne pas occulter sciemment les legs de l'*étranger*, de l'*Autre*.

Ainsi, cette identification pourra mettre un terme ou du moins réduire le dogme d'un prétendu monolithisme culturel et linguistique, issu de l'œcoumène occidentalo-chrétien. Conséquemment, ceci met en lumière l'existence d'un enchaînement logique des faits qui ont amené une langue à faire des legs à une autre. Son interprétation concernant moins les raisons que le sens.

C'est pourquoi la notion d'héritage linguistique arabe suppose une révision du statut de sa compréhension à partir d'une étude historique sur la formation du français et de son lexique (ce que nous avons tenté d'ébaucher ici). Et si la discrimination à l'égard de la langue arabe originelle (qui s'inscrit dans une volonté de dissimulation générale de l'apport scientifique arabe) et l'hypothétique supériorité culturelle de l'Europe continuent de léser l'Homme et son Histoire (surtout dans ces périodes de mondialisation d'échanges culturels), il apparaît bien nécessaire de réexaminer la méthode historique qui, depuis trop longtemps, prévaut en linguistique.

Bibliographie sommaire

DU BELLAY (Joachim), « Défense et illustration de la langue française »

BENHAMOUDA A., « Étoiles et constellations ».

AL-BIROÛNÎ, « Kitâb as-Sâiydâna ».

BOUTAMMINA N. E., « Maghrébinologie Générale et Systématique - Citoyen de troisième classe », Édit. Albouraq, Beyrouth (Liban), 2004.

« Les Contes des Mille et Un Mythes », Édit. Auteur, Saint-Étienne, 1999.

« L'Islâm fondateur de la Science - La Renaissance et Les Lumières, les siècles de plagiat », Édit. Albouraq, Beyrouth (Liban), 2006.

« Origine commune des systèmes d'écriture - L'Arabe ka'baéen », Édit. Albouraq, Beyrouth (Liban), 2008.

« La société gréco-romaine, une barbarie sophistiquée ? », Édit. Albouraq, Beyrouth (Liban), 2006.

« Les Fondateurs des Mathématiques », Édit. Albouraq Beyrouth (Liban) 2006.

BRISSOT (Jacques Pierre), » Patriote français » - « Théorie des lois criminelles ».

CALENDAR P., « Arithmétique », Florence, 1491.

COULET N. et LEQUIN Y., « Histoire des étrangers et de l'immigration en France (Les frontières du royaume) ».

DELARUELLE E., « L'étude du grec à Paris ».

ÉRASME, « Éloge de la folie ».

ESTIENNE (Robert 1er), « Dictionnaire françoys-latin ».

EULHARD A., « Rabelais, ses voyages en Italie, son exil à Metz ».

FARMER, « Historical facts for the Arabian Musical influence », Londres, 1930.

FERNEL, « Universa Medicina ».

FURETIERE, « Dictionnaire universel » - « Roman bourgeois ».

GABRIELI F., « Histoire et civilisation de l'Islam en Europe », Édit. Bordas, Paris, 1983.

GARAUDY (Roger), « Pour un dialogue des civilisations ».

DE GÊNES J., « Catholicon ».

ABBÉ GIRARD, « Sur la justesse de la langue française ».

JOURNET R., PETIT J. & ROBERT G., « Mots et Dictionnaires (1798-1878) ».

AL-KHWÂRIZMÎ M., « Kitâb al-Jabr wa al-Mouqâbala ».

LAROUSSE (Pierre), « Grand dictionnaire universel du XIX^{e}siècle ».

LÉVI-STRAUSS (Claude), « Les Structures élémentaires de la parenté » - « Race et histoire » - « Anthropologie structurale ».

LITTRÉ (Emile), « Œuvres » - « Vie de Jésus » - « Histoire littéraire de la France » - « Dictionnaire de la langue française ».

MARIETAN J., « Problème de la classification des Sciences d'Aristote à Saint-Thomas ».

MATORÉ G., « La Méthode en lexicologie ».

MESNARD H., « Ciel et Terre ».

MOLINO J., « Les Méthodes en linguistique ».

NICOT (Jean), « Trésor de la langue françoyse ».

PATIN (Gui), « Lettres ».

RABELAIS (François), « Pantagruel & Gargantua » - « Tiers Livre ».

RICHELET, « Dictionnaire des mots et des choses ».

SAUSSURE DE (Ferdinand), « Cours de linguistique générale » - « Mémoire sur le système primitif des voyelles dans les langues indo-européennes ».

TRÉVOUX, « Dictionnaire ».

Index bibliographique

Nicot	Nicot (Jean, diplomate français)
Patin	Patin (G ; médecin et écrivain français, 1601-1676)
Rabelais	Rabelais
Richelet	Richelet (César Pierre, lexicographe français du XVII^{e}s.)
Robert	Robert (Paul Charles Jules, lexicographe et éditeur français)
Saussure	Saussure (Ferdinand de ; fondateur de la linguistique structurale moderne)

Index alphabétique

Table des Matières

Ouvrages de l'auteur

1 – *Les contes des mille et un mythes,* Nas E. Boutammina, auto-édition, 1999.

2 – *Maghrébinologie, générale et systématique, « citoyen de troisième classe »,* Nas E. Boutammina, Albouraq, 2004.

3 – *Les trois entités intelligentes, Malâk – Jinn - Homme,* Nas E. Boutammina, Albouraq, 2005.

4 – *L'Islam fondateur de la Science, La renaissance et les lumière - les siècles de plagiat,* Nas. E. Boutammina, Albouraq, 2006.

5 – *La Shari'a, prototype du Droit français, « Le Code Napoléon »,* Nas. E. Boutammina, Albouraq, 2006.

6 – *Les fondateurs des mathématiques,* Nas. E. Boutammina, Albouraq, 2006.

7 – *La bataille de Poitiers (732) n'a jamais eu lieu !,* Nas. E. Boutammina, Albouraq, 2006.

8 –*« Il t'a façonné dans la forme qu'Il a voulue », embryogénèse,* Nas. E. Boutammina, Albouraq, 2007.

9 – *Thèse du Darwinisme, Antithèse de l'Islâm,* Nas. E. Boutammina, Albouraq, 2007.

10 – *Mots français d'origine arabe,* Nas. E. Boutammina, Albouraq, 2008.

11 – *Origine commune des systèmes d'écriture – l'arabe ka'baéen,* Nas. E. Boutammina, Albouraq, 2008 (à paraître).

12 – *La « société » gréco-romaine, une barbarie sophistiquée ?,* Nas. E. Boutammina, Albouraq, 2008 (à paraître).

Ouvrages de la Collection
– Ombres et Lumières –

1 – *La « société » gréco-romaine, une barbarie sophistiquée ?*, Nas. E. Boutammina, Albouraq, 2008 (à paraître).

2 –« *Il t'a façonné dans la forme qu'Il a voulue », embryogénèse*, Nas. E. Boutammina, Albouraq, 2007.

3 – *Les fondateurs des mathématiques*, Nas. E. Boutammina, Albouraq, 2006.

4 – *La bataille de Poitiers (732) n'a jamais eu lieu !*, Nas. E. Boutammina, Albouraq, 2006.

5 – *Mots français d'origine arabe*, Nas. E. Boutammina, Albouraq, 2008.

6 – *La Shari'a, prototype du Droit français, « Le Code Napoléon »*, Nas. E. Boutammina, Albouraq, 2006.

7 – *Origine commune des systèmes d'écriture – l'arabe ka'baéen*, Nas. E. Boutammina, Albouraq, 2008 (à paraître).

8 – *Thèse du Darwinisme, Antithèse de l'Islâm*, Nas. E. Boutammina, Albouraq, 2007.

Ouvrage réalisé par
l'Atelier Graphique Albouraq
2008

Impression achevée en Août 2008 sur les presses de Dar Albouraq
Beyrouth – Liban